W0049518

Stewart Ross

Rätselbuch Sherlock Holmes

Stewart Ross

RÄTSELBUCH
SHERLOCK HOLMES

22 spannende Fälle und Lösungen

Aus dem Englischen von
Jan Strümpel

Anaconda

Titel der englischen Originalausgabe:
*Solve it Like Sherlock. Test Your Powers of Reasoning Against Those
of the World's Most Famous Detective*
Britische Erstausgabe: Michael O'Mara Books Limited 2018
Copyright © Michael O'Mara Books Limited 2018

Die Deutsche Nationalbibliothek verzeichnet diese Publikation
in der Deutschen Nationalbibliografie; detaillierte bibliografische Daten
sind im Internet unter http://dnb.d-nb.de abrufbar.

Lizenzausgabe mit freundlicher Genehmigung
© dieser Ausgabe 2018 Anaconda Verlag GmbH, Köln
Alle Rechte vorbehalten.
Umschlaggestaltung: dyadesign, Düsseldorf, www.dya.de
nach dem Entwurf der englischen Originalausgabe
Illustrationen auf den Seiten 18, 41, 66, 84, 99, 108, 112, 115, 116, 127,
143, 154, 168 von Paul Collicutt
Satz und Layout: Achim Münster, Overath
Printed in Czech Republic 2018
ISBN 978-3-7306-0639-1
www.anacondaverlag.de
info@anacondaverlag.de

Für meinen Bruder Charlie Ross, den Fernseh-Auktionator,
mit großem Dank für seine Hilfe bei den
»Verschollenen Meisterwerken«.

Ein besonderer Dank gilt Ellie Ross, Lucy Ross, Louise Dixon
und meinem Lektor George Maudsley für ihren Rat und die Hilfe
bei der Arbeit am Manuskript.

Inhalt

Einführung

Wie viele Fälle Sherlock Holmes gelöst hat, ist nicht bekannt. In 56 Erzählungen sowie vier veritablen Romanen haben Dr. Watson und der berühmte Detektiv sie dokumentiert. In der Geschichte »Die einsame Radfahrerin« erwähnt der Doktor allerdings, dass Holmes in den Jahren 1894 bis 1901 »Hunderte Fälle privat« angenommen habe. Sie können sich daher vorstellen, wie erstaunt und begeistert ich war, als mir ein unbekannter Wohltäter ein großes Manuskriptbündel aus Watsons Hand vor die Haustür legte mit lauter Fällen, die niemals Eingang in die Romane und Erzählsammlungen gefunden haben.

Was sollte ich mit ihnen anstellen? Zunächst überlegte ich, sie zu einem neuen Buch auszubauen und dabei so nahe wie möglich am Stil der Originale zu bleiben. Die Idee hielt nicht lange. Ich habe einen großen Widerwillen gegen Imitate und empfände es geradezu als Lästerung, dem Gesamtwerk etwas hinzuzufügen.

Man hätte die Aufzeichnungen unbearbeitet veröffentlichen können als das Sammelsurium, das ich vorfand, doch das Ergebnis wäre höchstens für Forscher und echte Holmes-Freaks von Interesse gewesen. Auf die Lösung, für die ich mich letztlich entschied, kam ich, als mir bewusst wurde, dass die zeitlose Wirkung von Sherlock Holmes besonders in dem Vergnügen liegt, das die Leser angesichts seines Talents im Aufklären von Verbrechen empfinden.

Holmes' Erfolg beruhte erstens auf seiner bemerkenswerten Kombinationsgabe allein mit Hilfe des Verstandes und zweitens auf der kolossalen Datenbank in seinem Computer-Hirn. (Als ich in den Aufzeichnungen las, hatte ich interessanterweise einen ähnlichen Eindruck, wie ihn Dr. Watson in »Eine Studie in Scharlachrot« äußert: dass Holmes' Wissen überraschende Lücken aufwies, wie eine Enzyklopädie mit ein paar fehlenden Seiten.)

Ungeachtet dieser kleinen Einschränkung konzentriert sich meine Auswahl der 22 neuen Fälle in diesem Buch auf Holmes' weltberühmte Gabe, Verbrechen allein durch logisches Herleiten und Wissen aufzuklären. Jede Geschichte umfasst zwei Teile. Die Erzählung im vorderen Teil des Buchs enthält sämtliche Informationen, die Holmes zur Erledigung seiner Arbeit braucht. Watsons Aufzeichnungen sind zwar vollständig, jedoch nicht – etwa durch Schilderungen aus Holmes' Zimmer in der Baker Street – so detailliert auserzählt, wie er es tat, damit *Fälle* zu *Detektivgeschichten* wurden. Aus diesem Grund habe ich ganz der Versuchung widerstanden, objektive Fakten erzählerisch auszuschmücken.

Ich lade Sie ein, sich der Methoden zu bedienen, durch die Sherlock Holmes berühmt wurde, um in jeder Geschichte die Indizien zu erkennen und somit das Rätsel zu lösen. Wenn Sie es geschafft zu haben glauben, schlagen Sie hinten im Buch nach. Dort steht zu lesen, wie Holmes die Faktenlage richtig gedeutet hat, um 21 der 22 Fälle aufzuklären.

Schaffen Sie noch einen mehr? Viel Glück dabei!

Stewart Ross

DIE FÄLLE

Das Rätsel von Baron Galtür

Aufgrund seines weithin guten Rufs erhielt Sherlock Holmes ständig Post aus mehr als einem Dutzend Länder. Die meisten Briefe stammten von Leuten, die ihn beim Lösen irgendeiner obskuren Sache um Rat fragten. Die Geschichte, die Watson »Das Rätsel von Baron Galtür« nannte, hatte einen anderen Auslöser. Das Problem war nicht, dass die österreichische Polizei dem Verbrechen nicht auf die Spur zu kommen wusste, sondern dass sie des Barons unumstößlicher Überzeugung nach den falschen Mann eingesperrt hatte.

Auf den Fall aufmerksam wurde Holmes durch einen in Landeck abgestempelten Brief, der am 25. Februar 1887 in der Baker Street eintraf. »Interessant«, sagte Holmes zu Watson, als er ihn in die Hand nahm und betrachtete. »Am gewellten Papier werden Sie erkennen, dass dieser Umschlag nach dem Absenden mittels Wasserdampf geöffnet wurde.« Er enthalte entweder Angelegenheiten von politischer Bedeutung, fuhr er fort, oder sei von einem Gefängnisinsassen geschrieben worden.

Natürlich hatte er Recht. Der Brief stammte von einem österreichischen Adligen, Friedrich Hoffbilt, Baron Galtür, der im Gefängnis seiner Kaiserlichen Majestät zu Landeck einsaß und auf einen Mordprozess wartete. Der Brief an Holmes war dem Doktor zufolge in einem formellen, recht altmodischen Englisch geschrieben. Was Watson ihm an Information entnahm, ist rasch zusammengefasst.

Der Baron saß in Haft, weil er einen jungen Aristokraten namens Egmont von Wespenstich getötet haben sollte. Er räumte ein, dass die Beweislage gegen ihn erdrückend sei, wenngleich sie sich nur auf Indizien stütze. Gleichwohl behauptete er dem »verehrtesten und ehrwürdigsten aller Detektive« gegenüber »bei Gott dem Allmächtigen und der Heiligen Jungfrau Maria, an diesem schrecklichen Verbrechen keine Schuld zu tragen«.

Der Brief schloss mit der flehentlichen Bitte, der Engländer – seine »letzte Hoffnung« – möge den Wiener Anwalt kontaktieren, der ihn vertrat. Dieser »ehrbare Mann im Dienst der Gerechtigkeit« sei angewiesen, Holmes sämtliche Details über einen Fall mitzuteilen, der »mir das Herz gebrochen hat wie zuvor schon das Herz meiner geliebten Tochter Elisabeth«.

Holmes dachte eine Weile gründlich über den Brief nach und gelangte zu zwei Schlüssen. Erstens war der Baron mit größter Sicherheit nicht schuld an dem Mord, der ihm zur Last gelegt wurde: Sollte er ihn tatsächlich begangen haben, so hätte er sich nicht an einen Detektiv gewandt, der für sein untrügliches Gespür beim Enthüllen der Wahrheit bekannt war. Zweitens hatte er, Holmes, da ihm die Zeit für eine Reise nach Österreich fehlte, große Lust auf die ungewöhnliche Herausforderung, einen Fall rein brieflich anzugehen. Watson sagte, dies sei völlig unmöglich, Holmes setzte fünf Guinees dagegen, dass er es doch schaffe, und die Männer besiegelten ihre Wette per Handschlag.

Auf Holmes' Bitte reagierte der Wiener Anwalt des Barons mit einem tadellosen fünfzehnseitigen Bericht zum Mord und seinen Begleitumständen. Zu Beginn schrieb er in einem kurzen Absatz, er bemühe sich um völlige Objektivität, damit der Londoner Detektiv selbst erkenne, wie hoffnungslos unwiderlegbar sich die Beweislast gegen seinen Klienten darstelle.

Die Familie des Barons lebte seit der Zeit Kaiser Karls V. in dem abgelegenen österreichischen Dorf Galtür. Dort besaß man große Ländereien und stand im Ruf gerechter, wenngleich patriarchalischer Gutsherren. Die Frau des Barons war 18 Jahre zuvor kurz nach der Geburt ihres einzigen Kindes Elisabeth verstorben. Friedrich Hoffbilt hatte nicht wieder geheiratet, sondern sich ganz seiner Tochter gewidmet, die unter seiner wachsamen, doch liebenden Obhut zu einer sehr hübschen jungen Dame herangewachsen war.

Im Sommer des Vorjahres, 1886, hatten zwei junge Brüder aus Wien eine der Jagdhütten des Barons gemietet, um von dort aus in den Bergen wandern zu gehen. Holmes könne mit deren Namen nichts anfangen, doch in Österreich, so der Anwalt erläuternd, seien sie höchst einflussreich. Georg und Egmont von Wespenstich, entfernte Vettern der herrschenden Habsburgerdynastie, waren reich, privilegiert und gewohnt, ihren Kopf durchzusetzen. Ihr Rang und Einfluss waren weit größer, als es sonst unter Provinzadligen der Fall war. Der Anwalt bekannte, dass dieses Missverhältnis, was den Einfluss betraf, seine Aufgabe noch zusätzlich erschwere.

Während dieser Lektüre, so fiel Watson auf, murmelte Holmes etwas von Magna Carta vor sich hin und dass vor dem Gesetz alle Menschen gleich seien.

Gegen Ende ihres Aufenthalts in Galtür waren Georg und Egmont ganz hingerissen von der reizenden Elisabeth Hoffbilt und verbrachten weit mehr Zeit im Schloss des Barons als in den Bergen. Im Verlauf des Herbstes erhielt Elisabeth sehr zum Verdruss ihres Vaters von beiden Jünglingen etliche Briefe. Kurz vor Weihnachten erschienen sie erneut in der Region, und auf die Auskunft des Barons, er habe keine Jagdhütte für sie zur Verfügung, nahmen sie sich Zimmer in einem Gasthof nur vierhundert Meter von seinem Schloss entfernt. Sie sagten, sie seien in der Absicht gekommen, sich in einem zunehmend beliebten Sport zu betätigen, dem Skifahren. Wie der Anwalt trocken bemerkte, war der eigentlich von ihnen beabsichtigte Sport ein weit älterer.

An dieser Stelle lieferte der Bericht kurze Charakterporträts der beiden jungen Verehrer. Der 21-jährige Georg war ernsthaft, gebildet, moralisch und tief religiös. Der Anwalt wurde ungewöhnlich poetisch in seiner Beschreibung; er schrieb, der leidenschaftliche junge Mann habe »die schöne Elisabeth verehrt wie ein mittelalterlicher Ritter, entschlossen, den grimmigsten Drachen niederzuringen, um die Hand der edlen Jungfer zu erobern, der sein Herz verfallen war«. Er ging regelmäßig zur Messe und strebte eine Karriere als Universitätsprofessor an. Obwohl er auf eine dunkle, kantige Weise durchaus ansehnlich war, wirkte er doch arg ernst und irgendwie humorlos.

Egmont, zwei Jahre jünger als sein Bruder, hätte kaum verschiedener sein können. Er war charmant, hatte hellblaue Augen, blondes Haar und ein flinkes, gewandtes Auftreten. Der Anwalt ließ durchblicken, dass Egmont daheim in Wien inmitten einer Gruppe reicher junger Armeeoffiziere verkehrte, die sich für nichts anderes interessierten als Trinken und Mädchen nachstellen. Zudem wurde gemunkelt, er habe drei jungen Damen heimlich versprochen, sie zu heiraten, jedoch kein Eheversprechen je eingelöst. Von ihrer ersten Begegnung an hatte Baron Galtür dem lasterhaften Jüngling zu verstehen gegeben, wie sehr er ihm abgeneigt war. Bedauerlicherweise habe eben dies Egmonts Eifer gegenüber Elisabeth nur noch angestachelt.

Anfang Februar spitzte sich die Angelegenheit zu, als der Arzt der Familie sein Schweigegebot brach und den Baron davon in Kenntnis setzte, dass seine Tochter geschwängert worden sei. Zur Rede gestellt, gestand Elisabeth, dass Egmont, den sie sehr liebe und heiraten wolle, ihren Zustand herbeigeführt habe: Seit seiner

Rückkehr nach Galtür hatte sich das Paar beinahe jede Nacht heimlich getroffen. Damit er unerkannt ins Schloss gelangen konnte, hatte sie ihm einen Schlüssel für den Dienstboteneingang gegeben.

Als er das Geständnis seiner Tochter vernommen hatte, erfüllte den Adligen eine Mischung aus Wut und Verzweiflung. Das Wetter war für die Jahreszeit ungewöhnlich mild, und ohne sich auch nur einen Mantel überzuziehen, eilte er durch den schmelzenden Schnee zu dem abgeschiedenen Gasthaus, in dem die Brüder wohnten. Das Aufeinandertreffen von Vater und Verehrer kann man sich leicht ausmalen: Der Ältere verlangte, dass Egmont seine Tochter sofort zur Frau nehme; Letzterer spielte den Unbeteiligten und sagte, es gebe keinerlei Beweise, dass er für Elisabeths Schwangerschaft verantwortlich sei – sein Bruder Georg, der das Mädchen noch mehr begehre als er, käme dafür schließlich auch in Frage. Und er fügte hinzu, dass eine Heirat grundsätzlich die Zustimmung seiner Eltern benötige, die wohl kaum »ein Provinzmädel« in ihrer Familie duldeten, »wie hübsch es auch sein möge«.

Darauf verlor der Baron jegliche Selbstbeherrschung. Er schrie Egmont an, nannte ihn einen Wicht und herzlosen Grünschnabel und schwor, er werde ihn umbringen. Er stieß diese Drohung so laut aus, dass sie Georg in seinem angrenzenden Zimmer wie auch der Gastwirt Johann Flugger deutlich hören konnten. Als sie am nächsten Tag von der Polizei befragt wurden, machten beide vollkommen übereinstimmende Angaben zum Geschehen.

Es wurde bereits dunkel, als der Baron aus dem Gasthof stürmte. Die Temperatur war spürbar gesunken, wodurch sich das von den Dächern tropfende Wasser in spitze gläserne Eiszapfen verwandelte

und der Schnee zu einem kristallenen Teppich wurde, der unter seinen Füßen knirschte. Kurz nachdem er im Schloss angekommen war, schneite es heftig bis etwa Mitternacht. Starker Frost setzte ein, und die Temperatur blieb die nächsten fünf Tage im Minusbereich.

Egmont hatte die Angewohnheit, sich nicht vor elf Uhr das Frühstück aufs Zimmer bringen zu lassen. Als gegen Viertel nach elf Johann Flugger Brot und Obst auf ein Tablett lud und an Egmonts Tür klopfte, erhielt er keine Antwort. Weil das nicht weiter ungewöhnlich war, stellte er das Tablett ab, öffnete die unverschlossene Tür und spähte ins Zimmer. Sofort schlug ihm heftige Kälte entgegen. Das Fenster stand weit offen, und, wie zu erwarten, war das Feuer seit vielen Stunden erloschen, selbst die Asche war bereits kalt. Flugger hüstelte höflich und trat ans Bett heran. Sein Gast schien noch immer zu schlafen, mit weit über die Bettdecke gebreiteten Armen lag er auf dem Rücken da. Erst als der Gastwirt die Vorhänge aufzog, bemerkte er das Blut – Egmont von Wespenstich war tot; ein einzelner Hieb mit einem scharfen, spitzen Gegenstand hatte seine Halsschlagader durchtrennt.

In Galtür gab es nur einen einzigen Polizisten, einen älteren, korpulenten Beamten, der es noch nie mit einem Mord zu tun gehabt hatte. Gleichwohl war er so schlau, niemanden zum Gasthof oder zum Schloss des Barons zu schicken, denn im frischen Schnee waren ihm Fußspuren aufgefallen, die auf vier zurückgelegte Wege zwischen den beiden Orten hinwiesen – Beweismaterial, das für die aus Landeck gerufenen Kriminalbeamten von Interesse sein konnte. Die Abdrücke interessierten sie ganz gewiss, wie auch etwas anderes, das ihnen im Rittersaal von Baron Galtürs Schloss aufgefallen war.

Es gab zwei sehr klar unterscheidbare Fußabdruckpaare. Das eine stammte, wie sich beim Abgleich der Stiefel des Verstorbenen mit den gefrorenen Abdrücken bestätigte, von Egmont. Sie belegten, wie er irgendwann nach Mitternacht vom Gasthof bis zum Dienstboteneingang des Schlosses und wieder zurück gegangen war. Das zweite Paar Fußabdrücke stammte vom Baron, der vom Hauptportal seines Schlosses bis zum Gasthof gegangen war und von dort wieder zurück, denn die Spuren stimmten ganz mit den Sohlen eines Schuhpaars von ihm überein.

Aufgrund dieser Indizien schlossen die Beamten aus Landeck, dass Egmont nach dem Ende des Schneetreibens Elisabeth besuchen gegangen und dann wieder heimgekehrt war. Der Baron, der vor Wut kochte, da der junge Mann das Verhältnis mit seiner Tochter unverschämterweise einfach fortsetzte, war ihm auf dem Rückweg zum Gasthof gefolgt, hatte ihn umgebracht und sich zurück zu seinem Schloss begeben. Und die Mordwaffe? Eine gründliche Überprüfung der an den Wänden des Rittersaals zur Schau gestellten Waffen ergab, dass eines der Bajonette unlängst abgewischt worden war. Alle anderen waren staubbedeckt.

Das einzige den Baron entlastende Indiz, so schloss der Anwalt, war, dass Elisabeth, die vor Kummer nun ganz außer sich war, schwor, Egmont habe sie in dieser Nacht gar nicht besucht. Die Beamten taten dies mit den Worten ab, dass sie entweder lüge oder der Baron Egmont an der Dienstbotentür abgepasst und ihn vertrieben habe, bevor er zu seiner Geliebten gelangen konnte.

»Auch wenn es seltsam wirkt, mein lieber Watson«, sagte Holmes, nachdem er den Brief drei Mal durchgelesen hatte, »ich denke, das arme Mädchen hat die Wahrheit gesagt.«

Er dachte noch weiter über die Sache nach, dann schrieb er einen langen Antwortbrief an den Anwalt des Barons, in dem er seine Deutung dessen darlegte, was sich in der Nacht des Mordes tatsächlich zugetragen hatte. Vier Wochen später erhielt er einen Brief vom Baron persönlich. Dieser dankte ihm darin »aus dem tiefsten Innern meines Herzens« dafür, dass er seinen Anwalt auf die Fährte gebracht hatte, die zur Freilassung seines Mandanten und zur Überführung des wahren Täters geführt hatte.

Was mochte da in Holmes' Brief an den Wiener Anwalt gestanden haben?

Das Abenteuer
der *Adelaide Star*

Einer der eigentümlichsten Fälle, der uns beim Stöbern in Watsons Aufzeichnungen unterkam, beginnt mit dem betrüblichen Ableben eines wohlbekannten australischen Unternehmers. Auf der Reise mit der *Adelaide Star* nach Großbritannien starb Mr Edward Thriepland an einem Herzinfarkt, vier Tage nachdem das Schiff Kapstadt verlassen hatte. Dem Wunsch von Mrs Thriepland entsprechend, die ihren 53 Jahre alten Mann begleitet hatte, wurde der Leichnam gleich auf See bestattet.

Unter normalen Umständen wäre die Sache damit erledigt gewesen. Das war sie aber nicht.

Eine Stunde nachdem der letzte Passagier in Southampton von Bord gegangen war, betrat eine Australierin mittleren Alters die *Adelaide Star* und wollte den Kapitän sprechen. Wo denn ihr Mann stecke?, fragte sie.

Ihr Mann?, echote Penprase irritiert. Als seine Besucherin daraufhin vor Schmerz und Zorn in Tränen ausbrach, begann ihm zu dämmern, dass er die wahre Mrs Thriepland vor sich hatte. Die erheblich jüngere Frau, die deren Mann auf der Überfahrt von Australien Gesellschaft geleistet hatte, war eine Betrügerin. Sie war unauffindbar und hatte keinerlei Kontaktadresse hinterlassen.

Die geschädigte Witwe ging zur Polizei. Dort war man mitfühlend, konnte ihr aber nur sagen, dass Seitensprünge ein moralisches Verbrechen sein mögen, aber nicht gegen das Gesetz verstießen. Auch habe sich die falsche Mrs Thriepland nicht des Gepäcks von Mr Thriepland bemächtigt, das vollständig an seine Londoner Adresse überstellt worden sei. Man werde dennoch nach der Betrügerin Ausschau halten, da sie höchstwahrscheinlich mit gefälschtem Pass gereist sei.

Nachdem sie näher darüber nachgedacht hatte, war Mrs Thriepland nicht mehr allzu überrascht vom Verhalten ihres Mannes. Seit beide 15 Jahre zuvor nach England gezogen waren, war er geschäftlich immer wieder von zu Hause fort gewesen und zwei Mal allein nach Australien und wieder zurück gefahren. Sie war überzeugt, dass er seine Zeit auch mit anderen Frauen verbracht hatte, doch solange er für ihren üppigen Londoner Lebensstil aufkam und keinen Skandal auslöste, waren ihr seine Umtriebe herzlich egal.

Fünf Monate später erhielt Mrs Thriepland einen Brief. Er war in Melbourne abgestempelt und stammte von Aldous Grang, dem Geschäftsführer von »Colonial Gems«, einer von Thrieplands australischen Firmen. Nachdem er ihr sein Beileid ausgesprochen hatte, fragte Grang nach den Diamanten, die Mr Thriepland mit auf die Reise nach England genommen habe. Grang ging davon aus, dass der Schmuck im Wert von rund 100.000 Pfund Mrs Thriepland mit den übrigen Besitztümern ihres Mannes ausgehändigt worden sei, doch da Grang nichts weiter dazu gehört habe, möge sie ihm doch freundlicherweise schriftlich bestätigen, dass er wohlbehalten angekommen sei.

Nachdem sie Grangs Brief gelesen hatte, ging Mrs Thriepland geradewegs zu Sherlock Holmes. Watson erzählt uns, sie sei »groß«, »respekteinflößend« und »sehr, sehr wütend« auf die Frau gewesen – von ihr »durchtriebenes Aas« genannt –, die ihren Mann verführt und sich als dessen Frau ausgegeben habe, um die Diamanten zu stehlen.

Holmes hörte sich den Wortschwall an, sagte jedoch nichts dazu. Er fragte, ob Mrs Thriepland denn über die letzten Lebenszeichen ihres Mannes verfüge, die ihm bei seinen Nachforschungen von Nutzen sein könnten? Zur Antwort zeigte sie ihm ein Telegramm, das Mr Thriepland dem »diebischen Luder« an dem Tag geschickt hatte, als das Paar in Melbourne in See gestochen war. Eine Putzfrau hatte es in der Kabine des Paares unter dem Bett gefunden und die Reederei es daraufhin der wahren Mrs Thriepland ausgehändigt; es belege, so sagte sie, wie umfassend die Betrügerin ihren Mann in ihrer Gewalt gehabt habe. Sie hatte ihn sogar mit einem »schmalzigen Schatzimausi-Kosenamen« bezirzt. Dabei habe Mr Thriepland stets darauf bestanden, »Edward« genannt zu werden und niemals »Teddy«.

Das Telegramm lautete:

MEIN FRECHER KLEINER SCHATZ STOP GROSSES ABENTEUER STOP BIN MIT DIR AN BORD UND AUCH ALLEZEIT DANACH STOP LASS DEINE FUNKELAUGEN SPRECHEN STOP WELCH GLÄNZENDE ZUKUNFT STOP

SEI DIE LIEBENDE GATTIN UND LASS ALLES ANDERE
MIR STOP DEIN ERGEBENER TEDDY

Holmes las das Telegramm sorgsam. Nachdem er sich zu dem Fall
ein paar Notizen gemacht und mit Mrs Thriepland für den Erfolgs-
fall die Zahlung eines ansehnlichen Honorars vereinbart hatte,
sagte er, er werde sein Bestes tun, damit sie ihr Eigentum zurück-
erhalte. Warnend fügte er hinzu, dies könne aber eine Weile dauern.

Watson fasste Holmes' Ermittlungsarbeit in fünf Stichworten zu-
sammen. Das erste war HATTON GARDEN. Es besagte, dass
Holmes damit begann, einen im Londoner Juwelierviertel tätigen
Freund zu fragen, ob in den letzten paar Monaten verdächtige Dia-

manten-Verkäufe stattgefunden hätten. Er erhielt zur Antwort, »so ein Typ mit kolonialem Akzent« habe Rohdiamanten zum Verkauf angeboten.

Das zweite Stichwort war ORIENTAL AND COLONIAL, der Name der Firma, die die *Adelaide Star* betrieb. Aus deren Büro in der Great Portland Street brachte Holmes zwei Namen mit, die ihm hilfreich erschienen: Kapitän Jago Penprase und Dr. Hogwin E. Palfrey. Der Kapitän der *Adelaide Star*, der seit dreißig Jahren für die Linie tätig war, befand sich gerade auf Urlaub in seiner Heimat Cornwall. Palfrey war der Arzt, der Mr Thriepland in seinen letzten Stunden beigestanden hatte. Er war kein fester Mitarbeiter der O & C, sondern als Ersatzmann eingesprungen, als deren Schiffsarzt plötzlich erkrankt war und in Melbourne zurückbleiben musste.

KAPITÄN PENPRASE war das dritte Stichwort. Holmes fuhr mit der Eisenbahn hinunter nach Cornwall und traf sich mit dem alten Skipper in seinem Haus mit Blick über den Hafen von Newlyn. Den Kapitän irritierte noch immer, dass die O & C einen Passagier mit gefälschtem Pass an Bord gelassen hatte, und er bot jedwede Mithilfe bei der Aufklärung des Falls an.

Ja, er erinnere sich an das Telegramm für die unter dem Namen »Mrs Thriepland« reisende Passagierin. Er erinnere sich auch, dass an dem Abend, als Mr Thriepland krank wurde, dieser und seine angebliche Frau mit ihm am Tisch des Kapitäns hätten speisen sollen. Gegen 19 Uhr habe sie ihm eine Nachricht zukommen lassen, ihrem Mann sei unwohl, daher würden sie diesen Abend leider beide nicht am Essen teilnehmen. Gegen 22 Uhr habe sie den Schiffsarzt rufen lassen, und kurz nach Mitternacht sei ihr Gatte

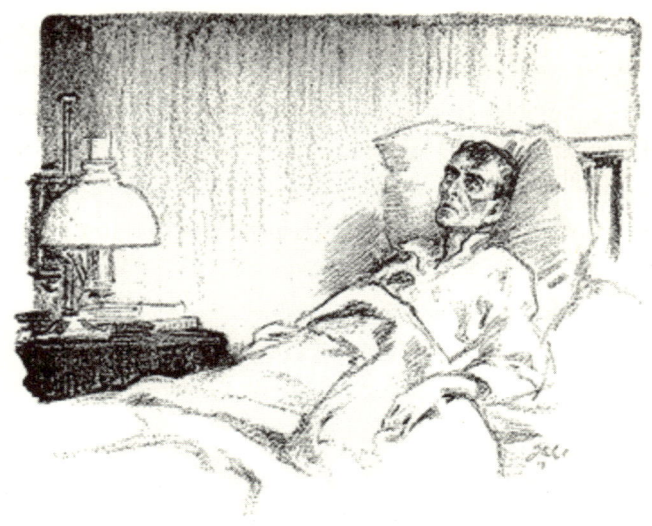

dann verstorben. Der Kapitän sei umgehend informiert worden. Als er in die Kabine des Paars getreten sei, habe er Mrs Thriepland leise weinend in einem Sessel sitzen sehen. Die Aufwärterin habe ihr etwas zu trinken gebracht und sie nach Kräften zu trösten versucht.

Auch Dr. Palfrey sei noch da gewesen. Dieser sagte dem Kapitän, er habe Mr Thriepland um 22.05 Uhr aufgesucht und gesehen, dass er an heftigen Bauchschmerzen gelitten habe. Zur Schmerzlinderung habe er ihm Morphium gespritzt und sei dann in sein Quartier zurückgekehrt. Als er kurz vor Mitternacht erneut nach seinem Patienten sah, habe dieser sehr blass ausgesehen und sich übergeben müssen. Er habe alle Anzeichen eines schweren Herzinfarkts erkannt, jedoch nicht mehr helfen können. Wenig später sei Mr Thriepland gestorben.

Die Vorschriften würden in einem solchen Fall vorsehen, dass der Kapitän des Schiffes die Aussage des Arztes bestätigt. Penprase habe dem »totenbleichen« Leichnam den Puls fühlen wollen und das Handgelenk »kalt, leblos und trocken« vorgefunden. Um den Mund seien Spuren von Erbrochenem gewesen.

Der Kapitän erinnerte sich, wie vehement Mrs Thriepland darauf bestanden hatte, dass ihr Mann eine Seebestattung erhielt. Dies wäre, so habe sie gesagt, auch »ganz in seinem Sinne«. Zudem habe sie gemeint, dass sie leichter über den Verlust hinwegkäme, wenn man die Zeremonie bald hinter sich bringe. Bitterlich schluchzend habe sie gesagt, wie unerträglich ihr der Gedanke sei, auf einem Schiff dahinzufahren, in dem »irgendwo unten« der Leichnam ihres Gatten »vor sich hin verwest«.

Im Gespräch mit dem Kapitän ein paar Tage nach der Bestattung habe Dr. Palfrey gestanden, dass das Ereignis schwer an ihm genagt habe. Die Verantwortung als einziger Mediziner an Bord habe er als sehr belastend empfunden, und nach der Ankunft in England habe er beschlossen, nicht bei O & C zu bleiben, sondern sich als Hausarzt niederzulassen. Penprase habe dies nicht überrascht. Für ihn sei Palfrey ein »kalter Fisch« gewesen, der für das gesellige Leben an Bord eines Ozeandampfers denkbar ungeeignet war.

Watson liefert noch eine weitere Information aus dem Gespräch mit Penprase. Als das Schiff in Southampton vor Anker gegangen sei, habe die falsche Mrs Thriepland jede Hilfe ausgeschlagen und sei allein und nur mit einem kleinen Handkoffer von Bord gegangen. Sie habe keine Nachsendeanschrift hinterlegt.

NANCY DENNE, Watsons viertes Stichwort, war die für die Kabine der Thrieplands zuständige Aufwärterin. Sie hatte der Tod von Mr Thriepland ebenfalls erschüttert, wenngleich sie gestand, den Mann als »rechten Grobian« empfunden zu haben. Nach Ende der Fahrt habe sie O & C verlassen, um ihren langjährigen Verlobten Herbert Denne zu heiraten, mit dem sie inzwischen ein kleines Tabakgeschäft in Portsmouth betrieb.

Nancy Dennes Darstellung der Ereignisse ähnelte in nahezu sämtlichen Punkten der von Kapitän Penprase. Sie habe die attraktive Frau mit den roten Haaren, die als Mrs Thriepland reiste, als »freundlich, wenn auch etwas nervös« empfunden. Den Arzt beschrieb sie als »ruhig und fachkundig«, außerdem sei er ein »ziemlich fescher Kerl« gewesen. Als sie gegen 22.00 Uhr in die Kabine getreten sei, um nach Mr Thriepland zu schauen, habe dieser im Bett gelegen, und zu seiner Rechten habe seine sogenannte Ehefrau gesessen und seine Hand gehalten. Der Kranke habe gestöhnt und mit dem freien Arm gewinkt. »Als ob er mich zu sich heranwinken wollte«, so erinnerte sich Nancy.

Seine Mätresse – »und eben das war sie ja wohl, nicht?« – habe gesagt, ihr Mann deliriere, und sie möge bitte Dr. Palfrey holen. Sie habe ihn beim Verzehr von Mandelmakronen angetroffen (sie erinnere sich noch genau an den Geruch) und eindringlich gebeten, sofort nach Mr Thriepland zu sehen. Er habe seine Tasche geschnappt, die gepackt und einsatzbereit auf dem Tisch neben der Tür stand, und sei ihr in Richtung Treppe hinauf zum Erste-Klasse-Deck gefolgt.

Watsons fünftes Stichwort war DOKTOR PALFREY. Nachdem er ihn über das Ärzteregister ausfindig gemacht hatte, fuhr Holmes in das Städtchen in Yorkshire, wo dieser sich niedergelassen hatte, und stellte fest, dass man dort in Trauer war. Die Frau des Arztes, eine junge Frau mit roten Haaren, die den ganzen letzten Monat hindurch krank gewesen war, war zwei Tage zuvor verstorben. Die Beerdigung sollte am folgenden Tag stattfinden.

Holmes ging unverzüglich zur nächsten Polizeidienststelle. In Begleitung eines Beamten erschien er in den Räumlichkeiten von Herbert Braitwaithe & Söhne, dem Bestatter vor Ort. An diesem Nachmittag kam es zu Ermittlungen, die in eine Festnahme mündeten.

Zehn Tage später überreichte die Polizei Mrs Thriepland die verschollenen Diamanten, und diese überreichte Sherlock Holmes einen ansehnlichen Scheck.

Wie hatte er ihn sich verdient?

Das Rätsel des erstochenen Shakespeare-Forschers

Watsons Aufzeichnungen haben oft sehr vielversprechende Überschriften. Sie sind so gut, dass die dann folgende Geschichte in ihrer skizzenhaften Form manchmal ein Stück weit enttäuscht. Solche Geschichten haben es dann nicht in dieses Buch geschafft.

Anders verhält es sich mit dem »Rätsel des erstochenen Shakespeare-Forschers«. Der Doktor hat sie nicht als richtige Geschichte angesehen, wohl weil sie in Sachen Schauplatz und Figuren nicht genügend hergab. Aber uns geht es ja mehr um den Fall als solchen, weniger um die Charaktere und ausgefeilte Sätze. Daher ließ sich aus Watsons knappen Notizen eine ganz hübsche kleine Rätselaufgabe machen. In ihr zeigt sich zudem, dass Holmes' Literaturkenntnisse nicht so schlecht waren, wie Watson in »Eine Studie in Scharlachrot« behauptet. Sie ist rasch dargelegt.

Professor Algernon Thomas, der als bester Shakespeare-Kenner seiner Generation galt, wurde in seinen Räumen im Gloucester

College in Oxford grausam ermordet. Er starb durch einen einzigen gezielten Stich mit einem scharfen Gegenstand, der durch sein linkes Auge bis ins Gehirn drang.

Ein Student, der zu einem Seminar über den Einfluss Holinsheds auf den Dichter erschien, entdeckte die Leiche um 10.30 Uhr. Der junge Mann sah, dass die Tür zum Treppenhaus einen Spalt offenstand. Er klopfte, niemand antwortete, und da er Schwerhörigkeit – und keinen Todesfall – hierfür als Ursache annahm, öffnete er die Tür ein Stück und spähte hinein. Der Leichnam des Professors lag auf dem Rücken da mit den Armen seitlich am Körper. Ein Arzt sagte, er habe bereits mindestens zwölf Stunden dort gelegen.

Drei rote Schmierstreifen zeigten an, dass der Mörder die Mordwaffe nach ihrer Entfernung aus der Augenhöhle vorn am Hemd des Toten abzuwischen versucht hatte. Der Beachtung wert waren eine leere Flasche Portwein, eine halb geleerte Flasche desselben Getränks, zwei Kristallgläser, die jeweils nur noch einen kleinen Bodensatz aufwiesen, und eine aufgeschlagene, zerfetzte Ausgabe von Shakespeares *Heinrich VI., zweiter Teil.*

Wir erfahren nicht, wie Holmes an den Fall geriet, doch wir nehmen an, dass ein noch unerfahrener Kriminalbeamter der Polizei in Oxfordshire von der allgemeinen Hochnäsigkeit am Gloucester College und seinen herablassenden Mitgliedern eingeschüchtert war und daher den berühmten Detektiv aus London um Hilfe bat. Holmes war stets dafür zu haben, Arroganz und Standesdünkel die Stirn zu bieten, und sagte daher zu. Um 10.53 Uhr traf er in Oxford ein und reiste um 18.47 Uhr wieder ab, da hatte er den Mord aufgeklärt.

Die Liste der Tatverdächtigen hatte Holmes rasch auf zwei Personen eingeschränkt. Die Erste, die der Vorsteher des Colleges »auf einem Balken zum Richtplatz geschafft« sehen wollte, war Elena Formaggia, eine feurige, 21 Jahre alte Italienerin, deren großbürgerliche Eltern ihre Affäre mit einem bekannten römischen Politiker missbilligten und sie deshalb 18 Monate zuvor nach Oxford geschickt hatten, »um ihr Englisch aufzubessern«. Schon bald konnte man sie elegant und nur notdürftig als männlicher Student getarnt die steinerne Treppe zu den Räumlichkeiten von Professor Thomas emportrippeln sehen. Sechs Monate nach ihrer Ankunft galt die hübsch aufgeputzte *Bellezza* mit den roten Lippenstiftlippen allgemein als seine Geliebte, auch wenn dies niemand öffentlich so sagte.

In ihrer Beziehung ging es hoch her, insbesondere als Elena von ihrem erheblich älteren Liebhaber als Zeichen seiner Zuneigung Geld verlangte. Die Lage wurde noch verwickelter, als sie sich während eines ihrer regelmäßigen Aufenthalte in London heimlich mit John Ruthwell verlobte, dem zweiten Sohn des märchenhaft reichen Bischofs von Durham. Wenngleich sie es so einzurichten wusste, dass ihre einträgliche Oxforder Liebschaft nichts von ihrem sittenstrengen Verlobten mitbekam, warnten die Kollegen aus kirchlichen Kreisen den Professor indirekt und diskret, dass er betrogen werde.

Der Pförtner hatte gesehen, wie Elena am Abend des Mordes in ihrer gewohnt halbherzigen Verkleidung gegen 18.30 Uhr zu den Räumen des Professors hinaufgegangen war. Niemand hatte sie wieder fortgehen sehen. Sie gab an, sie habe sich mit Thomas gestritten, der sich »mehr wie ein Bauer als wie ein *professore*« aufgeführt habe, und sei dann in ihre Wohnung nahe dem Universitätspark zurückgekehrt, um sich für eine am nächsten Tag anstehende Fahrt nach London zu rüsten. In einem Schubfach in ihrem Schlafzimmer fand die Polizei ein Paar spitzer Stricknadeln aus Stahl. Fürs Stricken würde sie sich nicht interessieren, sagte sie und nahm an, die Vormieterin habe die Nadeln liegenlassen.

Wenngleich sich der Mord im Juli ereignete, als fast alle Collegeräume verwaist waren, erinnerte sich ein Student, der gegen 22.30 Uhr von einem geselligen Abend mit Freunden im Hertford College heimgekehrt war, dass er durch das offenstehende Fenster die aufgebracht klingende Stimme von Professor Thomas gehört habe. Damals habe er kaum darauf geachtet, sei sich jedoch später klar geworden, dass er sehr deutlich »Elena« vernommen habe. Auch

»Depp« habe er gehört, entweder als Einzelwort oder in einer Wortkombination, außerdem »Nichten«. Als man nachhakte, räumte er ein, statt »Nichten« könne es auch »nichts denn« gewesen sein.

Watson schreibt, obwohl diese Wortfetzen »nicht sonderlich weiterhalfen«, hätten sie seinem Freund doch »wichtige, wenn auch mehrdeutige Hinweise« geliefert.

Die zweite Person, die Holmes für tatverdächtig hielt, war ein amerikanischer Gastprofessor aus Yale. Wie Professor Thomas war auch Professor Norman Wynberg III Shakespeare-Forscher. Doch anders als sein englischer Kollege war dieser davon überzeugt, dass nicht der Mann aus Stratford der wahre Schöpfer der schönsten Dramen in englischer Sprache war, sondern Christopher Marlowe.

Bevor er selbst im College eintraf, waren drei große Kisten mit allerhand mehr oder weniger akademischem Zeug angeliefert worden. Dazu gehörten zwei Marlowe-Büsten, diverse Manuskripte, 105 Bücher mit Ledereinband, eine goldene Schreibfeder, die Wynberg stets in seiner Jackentasche mit sich führte, um neo-elisabethanische Sonette niederzuschreiben, »sollte ihn die Muse küssen«, ein lebensgroßes Porträt seiner verstorbenen Frau sowie ein Kupferstich der Kathedrale von Canterbury aus der Perspektive der King's School, Marlowes alter Wirkungsstätte.

Wynbergs öffentlicher Vortrag über Marlowes Autorschaft der Werke Shakespeares, am 13. Mai vor illustrem Publikum gehalten, wurde reserviert aufgenommen. Der Amerikaner genoss bereits einen Ruf als schwerer Trinker, und man raunte sich zu, er habe wohl schon vor seinem Gang aufs Podium zu tief ins Glas geschaut. Professor Thomas, der schärfste Kritiker des Vortragenden, sagte, er werde in Kürze einen Aufsatz publizieren, »in dem er unanfechtbar nachweisen werde, dass Wynberg ein Dummkopf und Scharlatan ist«.

Von diesem Moment an sprachen die beiden Männer kein gesittetes Wort mehr miteinander. Mehrfach stand der Amerikaner auf dem Innenhof unterhalb der Räume des Engländers und forderte ihn auf, er solle »rauskommen und kämpfen«. Jedes Mal öffnete Thomas ein Fenster und überschüttete seinen Feind mit schmutzigem Wasser und noch schmutzigeren Schimpfwörtern.

In der Mordnacht, sagte Wynberg, sei er bis gegen 23.00 Uhr auf seinem Zimmer gewesen und dann hinaus in den Innenhof gegangen, um etwas frische Luft zu schnappen. An der Treppe hinauf zu den Räumen von Professor Thomas war er nicht gesehen worden, doch der Pförtner erinnerte sich, ihm gegen 23.15 Uhr im Innenhof begegnet zu sein. Der Amerikaner, so sagte er, habe sich »höchst seltsam« benommen. Mit fest hinter dem Rücken verschränkten Händen und starrem Blick nach unten habe er im Innenhof seine Runden gedreht und immer wieder »Schnitzel ist verbrannt, Schnitzel ist verbrannt« vor sich hin gemurmelt.

Der Kriminalbeamte aus Oxford sagte Holmes, die Indizien sprächen ganz klar für Elena Formaggia als Mörderin. Sie habe die Tat verübt, sagte er, als Thomas ihr weiteres Geld verweigerte (wobei er vermutlich sagte, er werde sich nicht länger zum »Depp« machen lassen) und damit drohte, ihrem sittenstrengen Verlobten alles zu erzählen. Zudem habe man gehört, wie der Professor kurz vor seinem Ableben ihren Namen rief.

Holmes fand ebenfalls, dass dies sehr plausibel klang, hielt es jedoch nur für eine mögliche Herleitung des Falles. Aus seiner Sicht kam Norman Wynberg III als Mörder genauso gut in Frage. Das begründete er mit einer anderen Lesart der Wörter, die er vom Studenten und dem College-Pförtner in Erfahrung gebracht hatte. Holmes gab zu, seine Version sei nicht beweiskräftig, ihre Richtigkeit ließe sich jedoch bestätigen, wenn die Untersuchung eines Gegenstands aus den Räumen des Amerikaners mit Hilfe einer starken Lupe den von ihm erwarteten Beleg liefere.

Wenig überraschend erwies sich Holmes' Auslegung der rätselhaften Wörter und Wendungen als zutreffend. Nachdem eines von Wynbergs Besitztümern gründlich untersucht worden war, wurde dieser verhaftet und des Mordes beschuldigt.

Wie hatte Holmes die vom Studenten und dem Pförtner zufällig mitgehörten Wörter gedeutet und welches Wynberg'sche Objekt ließ er unter die Lupe nehmen?

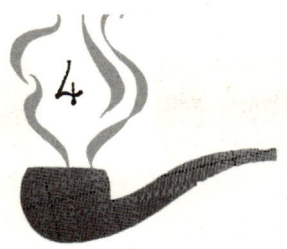

Die Dame aus Kent

Montag, der 12. Januar 1891 war ein kalter, stürmischer Tag, an dem sich heftige Regengüsse mit kurzen Momenten winterlichen Sonnenscheins abwechselten. Am späten Nachmittag ging Watson während eines dieser kurzen lichten Zwischenspiele in die Baker Street 221 b, wo er feststellte, dass sein Freund Sherlock Holmes ungewohnt ruhelos war. Er lief ungeduldig im Zimmer umher, wobei er hier und da anhielt, um aus dem Fenster hinab auf die Straße zu schauen.

Eben dies tat er auch in dem Moment, als Watson eintrat, und dem Doktor fiel auf, wie der orangerote Glanz der untergehenden Sonne den markanten Gesichtszügen seines Freundes ein schon beinahe teuflisches Aussehen verlieh.

Holmes schien auf das Eintreffen eines Zuträgers zu warten, der Informationen zu einem Fall bringen sollte, an dem er damals arbeitete. Zu Holmes' großem Ärger ist der Knabe nie erschienen. Watson hat uns nichts weiter dazu mitgeteilt, denn das Eintreffen einer höchst auffälligen neuen Kundin vor der Baker Street 221 b nahm seine ganze Aufmerksamkeit in Beschlag.

»Ah, Watson! Wir bekommen Besuch«, verkündete der Detektiv, während er wieder einmal am Fenster stand. »Eine Droschke hat direkt unter meinem Fenster gehalten. Eine Dame ist auf den Bürgersteig getreten und schaut gerade nach den Hausnummern. Ich nehme an, Mrs Hudson wird sie in Kürze ankündigen.«

Zwei Minuten später erschien eine attraktive, blonde junge Frau von etwa 25 Jahren im Zimmer und nahm nach Holmes' Aufforderung ihm gegenüber Platz. Sie wirkte aufgewühlt, und kaum hatte sie sich gesetzt, flehte sie den Detektiv an, einen Mord zu verhindern. Der lehnte sich zurück, fixierte sie mit seinem Adlerblick und bat um nähere Auskunft. Ihre dramatische Erklärung hatte sein Interesse geweckt.

Die Dame, die sich als Mrs Elizabeth Flowers aus Tunbridge Wells, Grafschaft Kent, vorgestellt hatte, trug ein elegantes, enganliegendes dunkelgraues Kleid mit schmaler Taille, hohem Kragen und Spitzenbesatz an den Ärmeln. Ihre teuren Stiefel hatten Dreckspritzer von der Straße abbekommen, und an der Spitze des linken Stiefels befand sich eine kleine Verfärbung, als sei er vom Trocknen am Kamin versengt worden. Vom Ehering abgesehen trug sie an Schmuck nur eine hübsche Perlenkette. Watson fiel zudem auf, dass Mrs Flowers zwar allemal gut aussah, jedoch ungewöhnlich dunkle Ringe unter den Augen hatte, die ihre Attraktivität schmälerten. Diese erklärten sich durch ihre Auskunft, sie habe vor lauter Angst in den letzten zwei Wochen »kaum ein Auge zugetan«.

Der Ehemann der Dame, Edward Flowers, war Anwalt und arbeitete teils in seiner Kanzlei auf dem Land und teils als Berater in London. Das Paar hatte fünf Jahre zuvor geheiratet und war kinderlos. Edward arbeitete zwar noch, doch sie erklärte, dies sei gar

nicht erforderlich, da er unlängst zu einer erheblichen Summe Geldes gelangt war. Und hier lag die Quelle ihrer Angst.

Zu Beginn des Vorjahres hatte man Edwards Vater Lambert Flowers, einen reichen Witwer, der sein Glück in Südafrika gemacht hatte, in seinem Landhaus nahe der in Kent gelegenen Kleinstadt Tenterden tot aufgefunden. Sein Körper war unversehrt, man ging nicht von Gewalteinwirkung aus. Er war ein großgewachsener Mann mit einem Faible für schottischen Whisky; auf dem Tisch, neben dem er zu Boden gestürzt war, stand noch ein halb ausgetrunkenes Glas. Seine Neigung zum Trunk in Kombination mit wenig körperlicher Betätigung ließ den Arzt annehmen, dass er an einem Herzinfarkt gestorben war. Damals, so Mrs Flowers, habe sie keinen Anlass gesehen, an dieser Diagnose zu zweifeln.

Dies schien sie aus der Fassung zu bringen, und sie musste geradezu herzzerreißend schluchzen. Nach einem Schluck Kognak aus

Holmes' Karaffe erholte sie sich langsam, trocknete sorgsam ihre Augen und fuhr mit ihrer Geschichte fort.

Lambert Flowers' beträchtliches Vermögen ging vollständig an seinen älteren Sohn Wincott, Mrs Flowers' unverheirateten Schwager. Sie sagte, weder sie noch ihr Mann hätten Wincott diese Erbschaft missgönnt, da Edwards Einkünfte für ein sehr behagliches Leben allemal ausreichten.

Hier schrieb Watson den genauen Wortlaut mit: »Wir waren keineswegs neidisch, dass Wincott das große Los gezogen hatte, doch Lamberts Bruder Gregory war erheblich missgünstiger. Ich hörte ihn recht deutlich sagen, dass er mindestens die Hälfte der Summe hätte erhalten müssen zum Lohn dafür, dass er sich um Lamberts Haus und Angelegenheiten kümmerte, solange dieser in Südafrika war.«

Mrs Flowers erzählte Holmes und Watson nun etwas mehr über Gregory Flowers. Dieser wohnte im nahegelegenen Dorf Goudhurst, war Chemiker und Erfinder und konnte mehr als gut davon leben, dass er Patente an Rüstungs- und Medizin-Firmen verkaufte. Er hatte jung geheiratet, doch seine Frau hatte ihn aus nie erklärten Gründen bereits zwei Wochen nach der Hochzeit wieder verlassen. Mrs Elizabeth Flowers, die vor ihrer eigenen Hochzeit kurze Zeit als Assistentin in Gregory Flowers' Labor gearbeitet hatte, glaubte zu wissen, warum dieser nunmehr allein lebte. Er habe die Angewohnheit, so sagte sie erschaudernd, seine weiblichen Angestellten mit »mehr als der üblichen Höflichkeit« zu behandeln.

Holmes nickte und bat sie fortzufahren.

Am 27. September, kaum ein halbes Jahr nach Lambert Flowers' plötzlichem Tod, traf es seinen älteren Sohn Wincott auf ziemlich die gleiche Weise – man fand ihn tot am Esstisch mit einem halb ge-leerten Glas Wein vor sich. Wiederum gab es keinerlei Spuren am Körper und keinen eindeutigen Verdacht auf Gewalteinwirkung. Der Autopsiebericht besagte, dass er bei bester Gesundheit gewesen war. Und doch deuteten gewisse Stoffe, die man inmitten halbver-dauter Essensreste in seinem Magen fand, darauf hin, dass er ver-giftet worden war.

Die Polizei verhörte Gregory Flowers, der seine Unschuld beteu-erte und für die fragliche Zeit über ein solides Alibi verfügte. Da sie keine weiteren belastbaren Hinweise hatte, denen sie nachgehen konnte, schloss die Polizei ihre Ermittlungen und erklärte, Wincott Flowers' Todesursache sei »vermutlich Gift, verabreicht durch eine unbekannte Person oder unbekannte Personen«.

Hier geriet Mrs Flowers erneut aus der Fassung. Ein zweites Mal brachte sie Holmes' Kognak wieder auf die Beine, bevor sie behutsam ihre Augen betupfte und fortfuhr.

Wincotts Testament sprach das Familienvermögen seinem Bruder Edward zu. »Das ist mein Gatte, Mr Holmes«, schrie Mrs Flowers beinahe hysterisch. »Verstehen Sie? Gregory wird vor nichts Halt machen, um an das Geld zu gelangen. Mit all seinem chemischen Wissen hat er erst seinen Bruder vergiftet, dann seinen älteren Neffen. Als Nächstes wird Edward dran glauben müssen, danach vielleicht sogar ich! Und dann wird er das einzige noch lebende Mitglied der engeren Familie sein, dann gehört ihm das gesamte Vermögen! Sie müssen mir helfen, Mr Holmes! Bitte! Ich flehe Sie an!«

Nachdem die Dame einen dritten Weinkrampf überstanden hatte, sagte Holmes, er sei durchaus geneigt, sich mit der Sache zu befassen, ob es ihr aber etwas ausmache, wenn er zunächst ein paar Fragen stelle?

Nein, natürlich nicht. Sie sei gern behilflich, wo immer sie könne.

Zunächst, sei Mrs Flowers' Ehemann darüber im Bilde, dass sie bei ihm war?

Nein, sei er nicht. Sie wolle ihm keine unnötigen Sorgen bereiten. Bald nachdem er in Richtung London aufgebrochen sei, habe sie kurz vor Mittag eine Viertelstunde abgewartet, um dann den Zug nach Victoria Station zu nehmen und von dort mit der Droschke direkt in die Baker Street zu fahren.

Holmes beugte sich vor und rümpfte leicht die Nase. Watson berichtet, dass ihm diese Geste wohlvertraut war: Bei früheren Anlässen hatte sie angezeigt, dass sein Gefährte einen bestimmten Geruch zu identifizieren versuchte.

Ihr Gatte sei also in London?, fragte Holmes.

Ja.

Und um welche Zeit werde er zurückerwartet?

Wahrscheinlich spät. Er sei gewöhnlich nicht vor 20.00 Uhr wieder daheim.

Holmes nickte. Und sie habe keinen Grund zu der Annahme, dass es ihrem Gatten in irgendeiner Hinsicht nicht gutgehe?

Nein, er sei rundum gesund. Sie gingen beide regelmäßig spazieren, tränken wenig und hätten nie geraucht.

Und Wincotts Tod … Habe sie den Tatort selbst in Augenschein genommen?

Bedauerlicherweise ja. Wincott habe selbst auch in Tunbridge Wells gelebt, und sein Dienstmädchen habe direkt nach Entdeckung des Leichnams Bruder und Schwägerin ihres Herrn gerufen. Da es ein Sonntag war, seien sie beide zu Hause gewesen, und Mrs Flowers habe das Zimmer an der Seite ihres Mannes betreten.

Und sie sähe keine Veranlassung anzunehmen, dass das Dienstmädchen den Leichnam bewegt hatte?

Nicht die geringste.

Ob sie den Tatort wohl möglichst gründlich beschreiben könne?

Gewiss. Der für eine Person gedeckte Esstisch habe mitten im Raum gestanden. Wincotts Leichnam habe sich noch auf dem Stuhl gegenüber der Tür befunden, mit Kopf und Schultern auf den leeren Teller vor sich hinuntergesackt. Das Weinglas habe links gestanden …

Links von was?

Nicht uns zur Linken, sondern links vom armen Wincott. Links von ihm platziert sozusagen.

Ob das nicht ungewöhnlich sei? Gläser stelle man gemeinhin rechts hin, wo man leichter nach ihnen greifen könne.

Wincott sei Linkshänder gewesen.

Das Gespräch ging noch fünf Minuten weiter, dann dankte Holmes Mrs Flowers für die so genaue Beantwortung seiner Fragen und sagte, er werde ihren Fall gern übernehmen.

Sie dankte ihm überschwänglich und bat ihn, keine Zeit zu verlieren, damit Gregory nicht zuschlage, bevor er verhaftet werden könne. Noch einmal dankte sie ihm von Herzen und sprach die Warnung aus, dass ihr Ehemann in großer Gefahr schwebe, dann eilte sie aus dem Zimmer, um vor Edwards Rückkehr wieder daheim zu sein.

Watson, der sich bereiterklärt hatte, am Nachmittag des folgenden Tages mit Holmes nach Tunbridge Wells zu fahren, verließ die Wohnung in der Baker Street, während der Detektiv erneut am Fenster nach dem ausbleibenden Zuträger Ausschau hielt.

Am nächsten Tag kamen die beiden Männer um 14.00 Uhr an der Victoria Station zusammen. Während sie auf ihren Zug warteten, kaufte Holmes ein frühes Exemplar der Abendzeitung und überflog ihren Inhalt. Eine kurze Notiz in der Rubrik »Letzte Meldungen« weckte sein Interesse: An seinem Schreibtisch in der Kanzlei von Simkins & Warburton, 123 The Strand, London, habe man den jungen Anwalt Edward Flowers aus Tunbridge Wells tot aufgefunden.

»Zum Teufel«, murmelte Holmes. »Da hat dieses Weibsbild früher zugeschlagen, als ich gedacht hätte.«

Watson war verblüfft. »Holmes«, rief er aus, »Sie wollen mir doch nicht etwa sagen, dass Sie diese arme Frau verdächtigen, ihren Ehemann beseitigt zu haben?«

»Und ob«, erwiderte Holmes. »Ich hatte von Beginn an so meine Vermutungen.«

Wieso?

Der Fall der Emaillebrosche

Zu Beginn des »Abenteuers der verschleierten Mieterin« erwähnt Watson die »Unmenge an Material«, die zu seiner Verfügung stehe, und dass sein Problem nicht das Auffinden, sondern das Auswählen sei. Beim Durcharbeiten seiner umfangreichen Aufzeichnungen versuchten wir herauszufinden, nach welchen Kriterien er manche Ideen zu ganzen Geschichten erweiterte, andere hingegen ausrangierte. Meist ließ sich leicht erklären, warum er etwas nicht weiterverfolgte: Viele Fälle ähnelten einander zu sehr oder ließen sich zu leicht lösen. Viele von diesen hatte er mit »ZLB« gekennzeichnet, was sich rasch als »Zu Leicht Befunden« entschlüsseln ließ.

Watson verwendete zwei weitere Kürzel: »SAE« und »PB«. Eines der beiden stand in den Notizen zu rund dreißig Fällen, die sich gesondert von den anderen in einer stabilen, mit dickem Faden verschnürten Metallschachtel befanden. Der Knoten war mit Wachs versiegelt, und auf der Schachtel befand sich ein Schildchen, auf dem mit Großbuchstaben geschrieben stand: GEHEIM UND STRENG VERTRAULICH. Darunter hatte jemand etwas kleiner per Hand hinzugefügt: *Lieber verbrennen, als an die Öffentlichkeit gelangen lassen.*

Sie können sich vorstellen, wie gespannt wir waren, als wir die Schachtel öffneten und ihr das trockene, knisternde Bündel Papier entnahmen. Hier nun waren endlich jene Fälle, auf die Watson im ersten Absatz vom »Abenteuer der verschleierten Mieterin« Bezug nimmt: »Die Verschwiegenheit und das hohe Berufsethos, die meinen Freund stets ausgezeichnet haben, gelten in gleicher Weise für die Auswahl aus diesen Berichten; niemandes Vertrauen wird missbraucht.« Schon ein flüchtiger Blick ließ erkennen, was Watson damit meinte: Die Fälle waren ohne Ausnahme höchst faszinierend; mindestens ein halbes Dutzend war regelrecht skandalös, und nicht einer hatte den Weg in eine veröffentlichte Sammlung gefunden.

Die Bedeutung von SAE erschloss sich, als wir die beiden obersten Fälle etwas gründlicher lasen. Der Doktor hatte überwiegend zur Regierungszeit Königin Victorias gelebt, als Fälle sexueller Natur entweder ganz unter den Teppich gekehrt oder nur sehr verbrämt zur Sprache gebracht wurden. Watson selbst war zwar fortschrittlich gesinnt, mochte seine Leser aber nicht vor den Kopf stoßen, indem er gegen die strengen Sitten seiner Zeit verstieß. SAE ließe sich mithin deuten als »Sittlich Anstoß Erregend«.

Wir hatten uns bis zur dritten Mappe des Stapels vorgearbeitet, die von Watson recht diskret mit »Der Fall der Emaillebrosche« beschriftet worden war, als wir auf die Bedeutung von PB kamen. Wenn Watsons Aufzeichnungen glaubhaft waren, konnte dies nur für eines stehen: »Politisch Brisant«. Ob der Fall es immer noch ist, überlassen wir Ihrem Urteil.

Watson war etwas überrascht, dass Holmes sich bereitfand, den Fall der Emaillebrosche zu übernehmen. Der bedeutende Detektiv war für weibliche Reize gemeinhin nicht empfänglich; man konnte sogar manchmal den Eindruck gewinnen, dass er den Kleinganoven aus der Baker Street stärker zugeneigt war als den eleganten Damen, die ihn um Hilfe baten. Als jedoch eines sonnigen Juli-Nachmittags des Jahres 1900 Emily de Chablis in der Baker Street 221 b vorstellig wurde, schien er sich von der Attraktivität, die sie zweifellos ausstrahlte, hinreißen zu lassen und war willens, sich ihren Fall anzuhören.

Auf Watson machte die junge Dame ebenso mächtig Eindruck wie auf den Detektiv, weshalb seine gemeinhin sehr knappen Angaben zur Person recht ausführlich wurden.

»Miss de Chablis war etwas kleiner als der Durchschnitt, doch was ihr an Körpergröße fehlte, machte sie durch ihre energische und direkte Art wett. Ihre Augen waren saphirblau, voller Lebenskraft und standen auffällig in Kontrast zu ihrem dunkelbraunen Haar; dieses rahmte ein rundes Gesicht, das in Ruhe recht gewöhnlich gewirkt haben mochte, nur war sie niemals ruhig. Gleich ob sie auf meinen Gefährten einsprach oder seinen Erwiderungen lauschte, sie war geballte Energie, ruckte mit dem Kopf wie ein Spatz, und ihre kurzen Finger fuhren unentwegt nervös herum.

Und doch war es nicht das Benehmen der Dame, das meine Aufmerksamkeit erregte, sondern vielmehr ihre puppenhafte Erscheinung. Sie erinnerte mich an eine sehr bekannte Persönlichkeit, wenngleich mir zu dieser Zeit partout nicht einfallen wollte, an wen.«

Die Bitte von Miss de Chablis war von der profanen Sorte, die Holmes selten dazu animierte, sich seines gewieften Verstandes zu bedienen, und Watson schreibt, dass Holmes seine Klientin im Normalfall nach nur wenigen Sätzen höflich, doch obenhin hinauskomplimentiert hätte. Die Dame bat den Detektiv um Hilfe beim Ermitteln ihrer Abstammung. Seit Dickens' Zeit haben Schriftsteller und Historiker deutlich gemacht, dass die vielgepriesene viktorianische »Ehrbarkeit« nur ein dünnes Deckmäntelchen für das erschütternde Elend einer Gesellschaft war, in der vermutlich die Hälfte der Bewohnerschaft unehelich geboren wurde und ein weiteres Viertel den eigenen Vater – oder gar die eigene Mutter – nicht kannte. Worin also unterschied sich Miss de Chablis für Holmes von all den anderen?

Sie erschien auf Empfehlung ihres Verlobten, Frank Goresby-Jones, ein angesehener junger Arzt aus Kidderminster. In Watsons Aufzeichnungen steht nicht sehr viel zum Hintergrund dieser Geschichte, doch offenbar war der Vater von Dr. Goresby-Jones ein angesehener methodistischer Pfarrer, und bevor die Heirat seines Sohns mit Miss de Chablis gefeiert werden konnte, wollte er sich der Ehrbarkeit dessen vergewissern, was er ihre »Abkunft« nannte. Die Mutter des Mädchens, Liza, war kurz nach der Niederkunft gestorben, sodass das Kind bei seiner Tante aufwuchs, Mrs Mitcham. Die Familie der Tante – ihr Mann sowie fünf Kinder, die alle älter waren als Emily – bestand die Ehrbarkeitsprüfung von Reverend Goresby-Jones mit Bravour. Und doch blieben da ein, zwei Fragezeichen hinsichtlich ihrer adoptierten Verwandten.

Emily wusste nur, was die Tante ihr erzählt hatte. Ihre Mutter, die eigensinnige Miss Liza Wilkins, war im Alter von 21 Jahren nach Paris gegangen, um an einer Privatschule für junge Damen eine Stelle als Englischlehrerin anzutreten. Von dort schrieb sie, sie habe sich in Édouard de Chablis verliebt, einen Franzosen aus vornehmer alter Familie, und ihn geheiratet. Die Mitchams waren überrascht und auch ein wenig schockiert von dieser Mitteilung, da sie Monsieur de Chablis niemals kennengelernt hatten und Liza sich in ihren sporadischen Briefen nicht viel zu ihm äußerte.

Die Geschichte nahm eine tragische Wendung, als eines regnerischen Abends im November 1882 eine hochschwangere und sehr verstörte Madame de Chablis vor der Tür ihrer Schwester stand und sagte, ihr Ehemann sei ermordet worden und sie nunmehr eine mittellose Witwe. Zehn Tage später kam Emily zur Welt, und zwei Tage nach der Geburt starb ihre Mutter aufgrund schwerer Blutungen.

Da es ihr künftiger Schwiegervater so verlangte, hatte die 18-jährige Emily die Tante nach ihren Eltern befragt, ohne jedoch mehr zu erfahren, als sie bereits wusste: Ihre Mutter, Miss Liza Wilkins, war Englischlehrerin in Paris gewesen und Emilys Vater der ältere Bruder eines Schülers von Liza. Wie oder wodurch dieser gestorben war, das war Mrs Mitcham unbekannt, und Emily hatte keine Idee, wie sie dies herausbekommen konnte, außer indem sie nach Paris reisen und die Zeitungen nach Meldungen über seinen Tod absuchen würde.

Nachdem er sich Miss de Chablis' Geschichte angehört hatte, »betrachtete Holmes sie sehr eingehend, bis die junge Dame errötete und sich mit den Worten abwandte, sie möge es nicht, wie ein Rennpferd gemustert zu werden«. Holmes entschuldigte sich, beharrte jedoch darauf, dass sein Vorgehen erforderlich sei, wenn er ihr denn helfen solle. Dann fragte er, ob sie irgendwelche Besitztü-

mer ihrer Mutter habe. »Nur eins«, erwiderte das Mädchen. Ihrer Handtasche entnahm sie eine goldgefasste blaue Emaillebrosche in Herzform und reichte sie dem Detektiv.

Holmes' Augen »flammten auf wie Leuchtfeuer« beim Anblick dieses Objekts. Nachdem er die Brosche eine ganze Weile sorgsam untersucht hatte, reichte er sie Watson. Dem Doktor fiel auf, dass sie »ziemlich groß, hervorragend gearbeitet und vermutlich recht wertvoll« war. Eingraviert in die Emaille war der Name »Edward« und darunter »du Chab«.

Watson war wie Emily der Meinung, dass Liza die Brosche von ihrem Ehemann geschenkt bekommen hatte, wobei er die englische Form seines Namens verwendete (»Edward« statt »Édouard«) und seinen Nachnamen mit »du Chab« abgekürzt hatte. Später, nachdem seine Klientin gegangen war, erklärte Holmes seinem Freund

Watson, dass diese »Folge völlig logischer Schlüsse offenkundig falsch« sei. Doch für den Moment lächelte er nur listig und sagte seiner Klientin, sie könne ihrem künftigen Schwiegervater versichern, dass ihre Abkunft nicht nur ehrbar sei, sondern »weit ehrbarer als die jedes beliebigen Methodistenpriesters im gesamten Königreich«.

Auf welcher Grundlage sah er sich zu dieser Aussage berechtigt?

Das Rätsel der vierten Posaune

Sie erinnern sich vielleicht, dass Sherlock Holmes begeistert musizierte. Er spielte den Solo-Part auf der Geige und ging gelegentlich ins Konzert. Eines Tages war er bei einem der beliebten Nachmittagskonzerte in der Royal Albert Hall, und dort geriet er in ein Geschehen, das sein Freund Watson später das »Rätsel der vierten Posaune« nannte.

Watsons Aufzeichnungen berichten, dass Holmes es überhaupt nicht mochte, in der Öffentlichkeit erkannt zu werden. Dies hatte teils mit seiner tief sitzenden Abneigung gegen oberflächliches Plaudern zu tun, teils damit, dass möglichst unsichtbar zu sein zu seinem Beruf gehörte, und teils damit, dass er nach dem Vorfall mit Mrs Arbuthnots Siamesen keine Lust mehr hatte auf Dinge, die ihn nicht interessierten. (Mrs Sylvia Arbuthnot, die Tante eines jungen Mannes, der Holmes einmal bei Nachforschungen unterstützt hatte, erkannte ihn, während er die Regent Street entlangging, und flehte ihn mit lauter Stimme eine Viertelstunde lang an, ihr bei der Suche nach ihrer entlaufenen Katze zu helfen.) Aus diesem Grund reservierten Holmes und Watson stets Logenplätze in der Albert Hall, um das Konzert einigermaßen ungestört genießen zu können.

Informiert werden wir nur über die zweite Hälfte des Konzerts, in der zwei Werke gespielt wurden. Das erste war Arthur Sullivans *The Golden Legend*, eine gefühlvolle Kantate, die Holmes zu gefallen schien. Das zweite war für ihn »abgeschmackter Lärm, ein peinliches und ordinäres Stück nationalistischen Pomps«, und er schlug vor zu gehen, bevor man es zu spielen begann. Watson jedoch wollte bleiben, und so gab Holmes denn einmal nach und ließ widerstrebend Tschaikowskis *Ouvertüre 1812* über sich ergehen.

Nach dem Sullivan-Werk verließ der Chor die Bühne, und auch einige Mitglieder des Imperial Symphony Orchestra gingen für eine

kurze Pause hinaus. Als sie für die Ouvertüre wieder ihre Plätze eingenommen hatten, bemerkte Watson, dass in seinem Freund etwas vorging. Holmes' Miene war angespannt, er lehnte sich vor und betrachtete die Musiker. Als Watson ihn fragte, was denn los sei, wies Holmes mit langem, knöchrigem Finger in Richtung der Blechbläser.

»Die vierte Posaune fehlt«, sagte er. »Ist nach dem Sullivan rausgegangen und nicht wiedergekommen. Sonderbar, Watson. Vielleicht ist dem armen Kerl schlecht geworden. Für diesen Sturm-und-Drang-Zinnober, vor dem Sie mich nicht flüchten ließen, braucht man doch wohl den geballten Lärm sämtlicher Bläser.«

Die irritierten Blicke und Gesten der anderen Posaunisten verrieten, dass es ihnen ähnlich ging wie Holmes. Watson fiel das nicht auf. Ihn veranlasste die Unruhe seines Freundes, der den Musiker vermisste, ihm dafür zu danken, dass er für dieses Stück blieb, das er so gar nicht leiden konnte. Holmes gab noch ein paar mürrische Kommentare von sich, dann beruhigte er sich. Oskar Horváth, der aus Ungarn stammende Dirigent, betrat erneut die Bühne, verbeugte sich vor dem heftig applaudierenden Publikum, legte seine Taschenuhr vor sich aufs Pult, schlug die Partitur auf, hob die Arme … und das Orchester glitt hinein in die ahnungsvollen ersten Takte der berühmten Ouvertüre.

Zunächst verlief alles normal. Obwohl Holmes die Musik sichtlich missfiel, saß er ruhig und schweigend da. Doch nach wenigen Minuten wurde er wieder unruhig. Hatte er Horváth und das Orchester bislang für ihr harmonisches Zusammenspiel gelobt, so schaute er nun missbilligend und schlug mit den Fingern ungehalten den Takt mit.

Watson bat ihn, damit aufzuhören. Holmes schüttelte den Kopf. »Die Burschen gehen das Tempo ganz falsch an«, flüsterte er.

Watson wendete sich wieder dem Orchester zu. Horváth erschien ihm eindeutig energischer als zuvor, ständig blickte er aufs Pult und wedelte mit den Armen, um übertrieben deutlich den Takt vorzugeben. Verstohlene Blicke zwischen Mitgliedern des Orchesters ließen darauf schließen, dass auch für ihr Gefühl hier etwas nicht so war, wie es sein sollte.

Die überzogenen Gesten und kleinen Patzer fielen nur sehr erfahrenen Musikern auf, und der Maestro lenkte die Ouvertüre mit Erfolg bis zu ihrem berühmten Finale samt Glockenklang und Kanonendonner. Zum Ersatz echter Schüsse legten sich die Schlagwerker ins Zeug, und der letzte Ton hallte noch durch den Saal, als auch schon der Applaus des Publikums aufbrandete. Holmes zuckte mit den Achseln und rief ins Getöse hinein, welch ein Jammer es sei, einen so schönen Nachmittag mit etwas derart Vulgärem zu beenden.

»Wie ein Gewitter am Ende eines Picknicks«, meinte Watson.

»Ich habe zwar noch nie ein Picknick gemacht«, sagte Holmes, »aber dies scheint mir ein überaus passender Vergleich zu sein.«

Am nächsten Morgen zogen erneut Sturmwolken auf, als Watson in der Zeitung las, dass tags zuvor gegen 18.30 Uhr Charles de Mainville, der vierte Posaunist des Imperial Symphony Orchestra, in der Künstlertoilette der Royal Albert Hall tot aufgefunden worden war. Er war schwer krank gewesen, doch dies war nicht die Todesursache. Er war durch einen einzelnen Schuss in den Kopf gestorben, neben der Leiche lag eine Pistole auf dem Boden. Die Polizei ging nicht von Mord aus.

»Da war er gerade einmal eine Stunde tot«, bemerkte Watson. »Wie traurig! Er muss sich gegen Ende des Tschaikowski-Stücks erschossen haben. Bei all dem gespielten Kanonendonner wundert es mich gar nicht, dass wir den Schuss nicht gehört haben.«

»Stimmt zur Hälfte!«, erwiderte Holmes und sprang auf. »Kommen Sie, Watson! Wir müssen zu Scotland Yard und den Dummköpfen in Blau dort empfehlen, in Richtung Mord zu ermitteln. Und wenn sie schlau sind, nehmen sie Oskar Horváth als Ersten ins Verhör.«

Wie in aller Welt konnte Holmes annehmen, dass der Dirigent etwas mit dem Tod des vierten Posaunisten zu tun hatte?

Das Rätsel
des erwürgten Dichters

Sherlock Holmes' Fälle, die sein Freund Watson niederschrieb, handeln ganz überwiegend – um es unverblümt zu sagen – von Sex und Gewalt. Gewalt, das ist gemeinhin Mord, oft brutaler. »Sex« umfasst allerhand Sünden rund um heimliche Affären, »illegitime« Kinder und andere Dinge, die man seinerzeit als unmoralisch empfand. Der fortschrittlich gesinnte Watson schrieb solche Geschichten gerne nieder, solange er nicht das Gefühl hatte, die Leser damit vor den Kopf zu stoßen. Nur wenige Fälle kreisen um Themen, die derart »SAE« (»Sittlich Anstoß Erregend«) waren, dass er sie niemals öffentlich zu machen wagte. Einer war »Das Rätsel des erwürgten Dichters«.

Der Fall drehte sich um die Ermordung von Tertius Fawcett, eines 26-jährigen Englischdozenten und Hauslehrers am Appleford College. Dieses kleine Jungeninternat, gegründet im Jahre 1551, befand sich auf dem Gelände einer Benediktinerabtei an der Küste von Dorset. Es beschrieb sich selbst als »traditionell im allerbesten

Sinne des Wortes«. Die Söhne der Bauern und Handwerker aus der Region gingen dort ebenso hin wie die Söhne etwas höhergestellter Eltern, deren Nachwuchs von den renommierteren Privatschulen abgelehnt worden war.

Es war ein frostiger Tag Anfang Februar, als ein Vater aus dem Kreis der Höhergestellten, Lord Abbas, gegen 11.00 Uhr bei Holmes in der Baker Street erschien und in sehr bestimmter Weise den Detektiv aufforderte, den »niederträchtigen und völlig unbegründeten Gerüchten« um seine Person ein Ende zu bereiten. Holmes sagte ihm sehr höflich, dass er nähere Details zu dem Fall erfahren müsse, bevor er entscheide, ob er sich mit ihm befasse oder nicht.

Lord Abbas schnaufte und murrte und nuschelte abschätzig etwas von »Emporkömmlingen«, dann begann er schließlich die Geschichte zu erzählen. Der Ehrenwerte Edward Romsey-Ffolkes, sein 13 Jahre alter Sohn, war Neuschüler in Cranmer House am Appleford College. Er war, wie der Adlige einräumte, »ein ziemlich hübscher Junge, der mehr nach seiner Mutter kommt, als gut für ihn ist«. Dies wurde offenkundig, als Tertius Fawcett auf Edwards Schönheit aufmerksam wurde.

Ständig, bis zu fünf Mal pro Woche, hatte Fawcett Edward abends zu sich ins Zimmer gebeten, um ihm bei den Hausaufgaben zu helfen. Lehrer und Junge unterhielten sich immer vertrauter miteinander, bis – Lord Abbas zufolge – »Fawcett seine dreckige Hand auf das Knie meines Sohnes legte und ihm sagte, dass er ihn liebe, ganz nach edler Art der alten Griechen«.

Vom »Fall Fawcett« erfuhr der Adlige in den Weihnachtsferien, als der Junge dies seiner Mutter erzählte neben lauter anderen »lustigen Sachen«, die er während der letzten Monate erlebt hatte.

Empört hatte Lord Abbas umgehend auf ein Gespräch mit Dr. Abercrombie Middleton gedrungen, dem sanftmütigen Rektor des Appleford College.

Das Treffen nahm keinen guten Verlauf. Dr. Middleton, klassischer Gelehrtentyp, fand das Verhalten des Lehrers eher interessant als unerhört. Er habe sich selbst schon oft Gedanken gemacht über das Wesen der Beziehung zwischen Männern und Jungen im alten Griechenland. Gleichwohl werde er Fawcett einmal für ein Wörtchen beiseitenehmen und ihm raten, »seine Begünstigung besonders hübscher Jungen in seinem Haus etwas zu zügeln«.

Daraufhin, so gestand Lord Abbas, sei er »hochgegangen vor Wut«. Dr. Middletons »läppische Reaktion« sei »völlig unzureichend«, so habe er mit lauter Stimme gepoltert, was auch für die Sekretärin des Rektors und den Fachleiter Geschichte noch gut zu hören gewesen sei, die sich im Zimmer nebenan gerade unterhielten. Ein »Wörtchen« sei ja wohl der ganz falsche Weg im Umgang mit diesen lüsternen Avancen, denen sein Sohn ausgesetzt sei, fuhr der Adlige fort. Noch lauter als zuvor sagte er, Fawcett müsse gründlich durchgepeitscht und dann der Schule verwiesen werden. Sollte der »versaute Geck« noch an seinem Platz sein, wenn die Schule nach Weihnachten wieder beginne, dann, so schwor seine Lordschaft, könne er »für nichts mehr garantieren«. Holmes' Frage, ob dies genau seine Worte gewesen seien, musste der Adlige bejahen. Er bedauere sie, denn nun würden sie sich gegen ihn selbst wenden.

Tertius Fawcett wurde nicht seiner Stelle verwiesen, nach einem »Wörtchen« mit dem Direktor unterrichtete er weiter englische Literatur – und half dem Ehrenwerten Edward Romsey-Ffolkes auch weiterhin bei seinem Pensum. Doch nicht mehr lange. Am 1. Februar, nur drei Wochen nach Wiederbeginn des Unterrichts, wurde der junge Lehrer erwürgt in seinem Arbeitszimmer aufgefunden.

Weil es sonst keinen offenkundig Verdächtigen gab, hatte die Geschichte vom Wutanfall des Adligen den Argwohn geweckt. Der Mann war klarsichtig genug, um sich dessen bewusst zu sein. Er gab zu, dass er ein Motiv hatte, Fawcett etwas Böses zu wünschen, und seine Andeutung gegenüber dem Direktor mit dem Ziel, dass der Lehrer entlassen wird, konnte als Androhung von Gewalt gedeutet werden. Doch es war ein großes Unrecht, dass sein Leben nun so unerträglich geworden war, nur weil zwei »schwatzende alte Pedanten« ein paar im Zorn gesagte Worte mitgehört hatten.

»Mit dem Mord an diesem jämmerlichen Kerl habe ich rein gar nichts zu tun«, schloss seine Lordschaft, »und ich wäre höchst dankbar, Mr Holmes, wenn Sie nach Dorset kommen könnten, den Mörder ermitteln und dafür sorgen, dass mein Name wieder unbefleckt ist. Herrgott! Selbst meine eigenen Pächter schauen mich schon argwöhnisch an!«

Als Lord Abbas fertig war, saß Sherlock Holmes eine ganze Weile schweigend da, bevor er sagte, dieser Fall sei hinreichend interessant, um sein Augenmerk zu verdienen. Sollte seine Lordschaft bereit sein, das verlangte Honorar zu bezahlen, ohne eine Garantie dafür zu erwarten, dass sein Name wieder unbefleckt sein wird, so werde er am nächsten Morgen um 9.13 Uhr den Zug von Waterloo Station nach Dorchester besteigen. Der Adlige erklärte sich dazu bereit, stellte einen Scheck über die erste Hälfte von Holmes' Honorar aus und ging von dannen.

Nach seiner Ankunft in Dorchester ging Holmes zur Hauptstelle der Polizei von Dorset und stellte sich Detective Sergeant Granger vor, dem jungen Beamten, der im Mordfall Fawcett ermittelte. Da er sich furchtbar in der Klemme sah zwischen der Suche nach der Wahrheit und dem Zorn einer Lokalgröße, war Granger herzlich dankbar für Holmes' Unterstützung. Er bestätigte, dass die von Lord Abbas in der Baker Street erzählte Geschichte korrekt war, und händigte das bislang von ihm zusammengetragene Beweismaterial aus.

Am Abend des Mordes war es besonders stürmisch gewesen, ein Orkan aus Südwest hatte getobt. Gleichwohl hatte, wie man feststellte, ein Flügel von Fawcetts Erkerfenster die ganze Nacht hindurch offen gestanden. In der Erde des Blumenbeets direkt unter dem offenstehenden Erker hatte Granger keinerlei Fußabdrücke oder andere Spuren entdeckt. Der Internatsleiter von Cranmer

House sagte, soweit er wisse, seien sämtliche Eingangstüren zum Gebäude von innen verschlossen gewesen.

Granger hatte ein Dutzend Cranmer-Jungen vernommen. Die meisten sagten, dass sie ihren Hauslehrer zwar mochten, doch keine Achtung vor ihm hatten, sein Spitzname war »Fummel-Fawcett«. Er war ein exzentrischer junger Mann, der die Tür zu seinen Räumen niemals abschloss und das Fenster seines Arbeitszimmers ständig geöffnet hielt, »um sein fieberndes Herz zu kühlen«. Die Art dieses Fiebers bestätigte sich durch die erotischen Drucke, die man versteckt zwischen den Seiten eines Bandes mit Gedichten von Oscar Wilde fand: Aktbilder, die, so Watson, »noch den schamlosesten Menschen die Röte ins Gesicht getrieben und die Täter für Jahre hinter Gitter gebracht hätten«.

Fawcetts Leiche hatte nach dem Frühstück ein Junge entdeckt, der ihn zu seiner Rolle beim Schülertheater um Rat fragen wollte. Der Arzt, der den Leichnam untersuchte, sagte, er habe seit sechs bis acht Stunden dort gelegen, was bedeutete, dass der Lehrer in den frühen Morgenstunden ermordet worden war. Eine sehr kräftige Person, ziemlich gewiss ein Mann, hatte ihn mit bloßen Händen erwürgt. Da es keinerlei Anzeichen eines Kampfes gab, nahm Granger an, dass der Lehrer entweder überrascht wurde oder seinen Angreifer kannte.

Fawcett hatte literarische Ambitionen, sagte Granger, und schrieb just am Abend seines Todes an einem Gedicht. »Es scheint von dem Sturm an diesem Abend inspiriert zu sein«, befand der junge Kriminalbeamte und reichte Holmes ein Blatt Papier. Inmitten zahlreicher Kleckse standen nur vier Zeilen darauf:

Der Sturm, der oben wütet nun,

Wie fern der Liebe ist dies Tun.

Es ist genug! Mein Hass ist groß!

Ich bleib nicht länger tatenlos.

Holmes las sie, nickte und gab das Blatt zurück.

Nachdem er Holmes die von ihm beschafften Fakten sämtlich dargelegt hatte, gestand ihm Granger, dass er »ratlos« sei. Lord Abbas war offenkundig der Täter. Doch der Adlige schwor, an dem infrage stehenden Abend in Compton Hall gewesen zu sein. Seine Frau, eine schmale, ängstliche Dame, bestätigte, dass dies, soweit sie wüsste, korrekt sei. Sie und Lord Abbas hatten getrennte Schlafzimmer, und sie hatte sich früh zurückgezogen, während ihr Mann allein weiter trank. Der Butler erinnerte sich, dass er seiner Herrschaft gegen halb elf eine Flasche Portwein gebracht hatte und dann zu Bett gegangen war. Der Stalljunge hatte in der Nacht niemanden kommen oder gehen gehört. Als er am nächsten Morgen die Pferde fütterte, wies keines irgendwelche Anzeichen auf, dass es in den vergangenen 24 Stunden geritten worden war.

Selbst wenn es Lord Abbas gelungen sein sollte, sich aus dem Haus zu stehlen und nach Appleford zu reiten, so Granger, wäre es nahezu unmöglich, dass er oder ein von ihm gedungener Mörder Cranmer House betreten, den Mord begangen und wieder von dannen gezogen sein konnte, ohne gesehen worden zu sein oder Spuren hinterlassen zu haben. Diese Bemerkung ließ Sherlock Holmes unkommentiert.

Holmes nahm ein leichtes Mittagsmahl ein und fuhr in einer Mietdroschke zum Appleford College. Er traf mitten am Nachmittag ein und verschaffte sich rasch einen Überblick vom Campus, bevor er sich vorstellte. Cranmer House, ein alter, E-förmiger Bau, stand auf einer Anhöhe rund 200 Meter südwestlich der anderen College-Gebäude.

Der Schlafbereich der Jungen befand sich im ersten Stock im langen Abwärtsstrich des E, er wies direkt aufs Meer und bekam die gelegentlichen Stürme aus südwestlicher Richtung ab. Drei Anbauten bildeten die Querstriche des E. Sie lagen auf der stärker geschützten Seite des Gebäudes und wiesen in Richtung des übrigen Colleges und seiner Bauten. Von Nord nach Süd gab es hier die Zimmer des Hauslehrers und der hier wohnhaften Hausmutter, die Küchenräume und die Unterkunft des Internatsleiters. Fawcetts Zimmer lagen im Erdgeschoss direkt unter denen der Hausmutter. Von dem mit Stabwerk versehenen Erkerfenster seines Arbeitszimmers aus sah man über Blumenbeete und Rasen bis zu der restaurierten Klosterkirche, in der das College wie auch die örtliche Gemeinde ihre Gottesdienste abhielten.

Nachdem er all dies erkundet hatte, machte sich Holmes auf zum eigentlichen Schulgebäude und wurde ins Büro des Direktors gebeten. Dr. Middleton begrüßte ihn herzlich und gab seiner Hoffnung Ausdruck, dass er »die ganze unschöne Sache so rasch wie möglich bereinigen« werde. Den Auskünften gegenüber Granger hatte er nichts hinzuzufügen, und über diese verfügte Holmes ja bereits.

Sodann begab sich Holmes zum Cranmer House. Dort empfing ihn der Internatsleiter Mr Montague Wray, der ihn herumführte und die Geschehnisse der Mordnacht noch einmal durchging. Sein Bericht stimmte in jederlei Hinsicht mit dem von Granger und dem des Direktors überein. Von Lord Abbas hatte er am Abend zuvor erfahren, dass sich Holmes des Falles annahm; Wray war froh darüber, denn der Skandal schadete dem Ruf der Schule und speziell dem seines Hauses.

Nach seiner Meinung über Fawcett gefragt, gestand Wray, dass er zwar erschüttert gewesen sei von dem, was geschehen war, der Hauslehrer aber nicht nach seinem Geschmack war. Er war zu geckenhaft für Cranmer House. Nach Wrays Vorstellung war dies ein schneidiges Haus, das sich etwas darauf zugutehielt, Jungen zu Männern zu machen, die einmal das Empire lenken konnten; ein

Ort, an dem es robust zuging und man sich nur mit Nachnamen anredete. Crawley, sein Head of House, war der Inbegriff eines »Cranmer-Mannes« – als Head of House so etwas wie der oberste Schüler, Kapitän des First-XV-Rugbyteams und gescheit genug, um auch in Oxford bestehen zu können. Auf dem Rugbyfeld war er ein ziemlicher Grobian, dessen Temperament auch mal mit ihm durchging, alles in allem jedoch war er ein »Spitzentyp, ganz große Spitze«.

Holmes sagte, er freue sich, den jungen Mann kennenzulernen. Und dass Wray ihm einstweilen bitte ganz genau erzähle, was er in der Mordnacht getan habe.

Der Internatsleiter erzählte, er sei kurz vor 23.00 Uhr einmal rasch durchs Haus gegangen – die Uhrzeit sei verlässlich, denn genau in dem Moment, da er seine Wohnungstür schloss, um sich zu seiner Frau ins Wohnzimmer zu setzen, habe er die Kirchturmuhr schlagen hören. Auf seiner Runde hatte er geprüft, dass alle Jungen im Bett lagen und die Tür zur Küche abgeschlossen war.

Hatte Wray auch die Eingangstüren zum Haus überprüft?

Nein, dafür, dass sie zu Beginn der Nachtruhe um 22.30 Uhr fest verschlossen sind, sei der Head of House verantwortlich.

Wo befand sich Crawley, als der Institutsleiter seine Runde machte?

Er habe im Bett gelegen in seiner Kammer am südlichen Ende des Schlafbereichs.

Hat er geschlafen?

Es habe so gewirkt, ja.

Letzte Frage, hatte Wray an diesem Abend Fawcett zu Gesicht bekommen?

Nein, aber er erinnere sich, bei seinen Runden im Vorbeigehen Licht unten am Spalt seiner Tür gesehen zu haben.

Holmes dankte Wray für seine Unterstützung und bat um ein Gespräch mit der Hausmutter. Wray sagte, sie habe sich an dem Tag kurzfristig freigenommen, um ihre kranke Schwester in Weymouth zu besuchen, sollte jedoch inzwischen zurück sein. Seine Vermutung traf zu. Mrs Sophia Mussett, eine attraktive Frau um die dreißig, trug noch Mantel und Haube von der Fahrt, als Holmes ihr begegnete. Durch die unerwartete Anwesenheit so hohen Besuchs wurde sie etwas nervös. Sie bat Holmes, Platz zu nehmen, sie müsse noch ihre Sachen verstauen und sich kurz frisch machen.

Mrs Mussett hatte ihren Salon, der auch als Sprechzimmer diente, mit allerhand Schul-Memorabilia ausstaffiert, darunter eine gerahmte Fotografie vom Rugbyteam des Hauses. Vor fünf Jahren, sagte sie, als sie wieder ins Zimmer trat, sei ihr Mann in Afrika ums Leben gekommen. Als mittellose Witwe habe sie bei ihrer Schwester in Weymouth gelebt, bevor sie die Stelle in Cranmer angenommen habe. Das sei das Beste gewesen, was ihr habe passieren können. Sie genieße jede Minute ihres Lebens hier.

Holmes fragte sie nach ihren genauen Aufgaben und bat um Einblick in das Buch, in dem sie notierte, was die Jungen hatten, die abends in ihre Sprechstunde kamen. Neben verstauchten Knöcheln, Frostbeulen und anderen Wehwehchen, so bemerkte Holmes, hatte sie am Abend von Fawcetts Ermordung auch »Sebastian Crawley« dort notiert und daneben »Sodbrennen«.

Ja, sagte Mrs Mussett lächelnd, Sebastian habe sie um ein Mittel gegen Magenverstimmung gebeten. Sie habe ihm einen Löffel Hepar sulphuris verabreicht.

Wie Holmes auffiel, tauchte der Name Crawley in ihrem Behandlungsbuch ziemlich oft auf. War er kränklich?

Mrs Mussett lachte. Kränklich? Nein. Sebastian sei der gesündeste Junge im Haus. Seine Besuche hingen allesamt mit Verletzungen auf dem Rugbyfeld zusammen.

Kannte Mrs Mussett den jungen Mann gut?

Nein, sie rede nicht oft mit ihm.

Hatte sie von dem Vorfall gehört, in den der Sohn von Lord Abbas verwickelt gewesen war?

Allerdings, und ihrer Ansicht nach hätte der Direktor Fawcett sofort rausschmeißen müssen. Ein junger Widerling sei das gewesen, der aus seiner Abneigung gegen Frauen keinen Hehl gemacht habe.

Holmes dankte ihr für die Offenheit und kehrte zurück in das Büro des Internatsleiters. Er habe noch ein letztes Gespräch zu führen, ob bitte jemand Crawley herbestellen könne? Man schickte sofort einen Jungen los, und zehn Minuten später betrat der Head of House den Raum. Mit seiner Größe von über einem Meter achtzig, seinen breiten Schultern und dem festen Blick eines Sportsmanns war jeder Zentimeter von ihm so beeindruckend wie von Wray beschrieben.

Ob er Mr Fawcett gemocht habe, fragte Holmes.

Nein, Sir, erwiderte der Adonis. Er habe Achtung gehabt vor dessen umfassender Bildung, aber das Unmännliche an ihm nicht leiden können. Die Sache mit Edward Romsey-Ffolkes habe er abscheulich gefunden. Ein Gentleman sei Fawcett nicht gerade gewesen, fuhr Crawley fort. Vor der Klasse habe der junge Lehrer gern abschätzige Bemerkungen über Frauen gemacht, auch über Mrs Mussett und Mrs Wray, die Frau des Internatsleiters.

Crawley möge bitte erläutern, was er mit »abschätzige Bemerkungen« meine. Der junge Mann zögerte und errötete leicht. Er habe Fawcett sagen hören, die beiden Damen seien »Amazonen«.

Wo Crawley in der Mordnacht gewesen sei?

Im Bett in seiner Kammer im Schlafbereich.

Habe er geschlafen, als Mr Wray seine Runden drehte?

Nein, er habe lange Zeit wach dagelegen, dem Wind gelauscht und über die Teamaufstellung für das nächste Spiel nachgedacht. Das Letzte, an das er sich erinnern könne, sei gewesen, dass die Kirchturmuhr halb eins geschlagen habe.

Als das letzte Gespräch beendet war, verabschiedete sich Holmes von Mr Wray und ging in die von ihm gebuchte Unterkunft. Am nächsten Morgen fuhr er erneut nach Dorchester und suchte Granger auf. Wenn man die Zimmer der Hausmutter von Cranmer House gründlich durchsuche, empfahl er, werde man so gut wie sicher auf wertvolle neue Hinweise stoßen, die zur Verhaftung von Fawcetts Mörder führten.

Granger tat, wie von Holmes empfohlen, und noch am selben Nachmittag erfolgte eine Verhaftung.

Wer wurde unter Mordverdacht festgenommen und aufgrund welcher Anhaltspunkte?

Das Abenteuer des Brandstifters von Axelbury

In der Geschichte »Die Pappschachtel« erinnert uns Watson daran, dass Sherlock Holmes sich nicht sonderlich für die Natur interessierte, »ihn zog es überhaupt nicht hinaus, weder aufs Land noch ans Meer«. Richtig wohl fühlte er sich allein in London, »mitten unter fünf Millionen Menschen«. So erklärte er sich im Frühjahr 1907 nur leicht widerstrebend bereit, hinab nach Somerset zu reisen, um sich mit etwas zu befassen, das ein ganz gewöhnlicher Fall von Brandstiftung zu sein schien.

In der Baker Street 221 b war die Auftragslage gerade ein wenig mau, da erhielt Holmes einen kurzen Brief. Eine Frau mit großer, sicherer Handschrift bat ihn, nach Axelbury Hall in Nether Stowey zu kommen, um »einen schlimmen Fall von abscheulicher Brandlegung aufzuklären«. Die Briefschreiberin schloss mit den Worten, sie werde »jegliche Gebühr, Gage oder wie immer man das nennt bezahlen, zuzüglich Spesen usw., usw.« Pekuniärer Lohn war Holmes durchaus willkommen, doch weit wichtiger war ihm die Gelegen-

heit, im Dienst des Rechts seine enormen Fähigkeiten zu entfalten, sodass er dieses leicht hysterische Gesuch normalerweise abschlägig beschieden hätte. Allein der extravagante Namenszug am Ende des Schreibens ließ ihn sich anders entscheiden.

Miss Agatha Teasebury, die »Taube aus der Drury Lane«, war eine Schauspielerin, deren Schönheit einst jedem jungen Mann in London den Kopf verdreht hatte, auch dem unverheirateten jungen John H. Watson. Der Doktor, inzwischen Witwer, war »ganz versessen« darauf, »einmal die Frau von Angesicht zu sehen, die so viele Jahre auf Londons Bühnen Glanz verströmt hatte«, und Holmes hatte in einer seltenen Anwandlung von Liebenswürdigkeit dem schwärmerischen Wunsch seines Kollegen stattgegeben.

Ein eher berufliches Motiv hatte ebenfalls zur Entscheidung des Detektivs beigetragen. Im Jahr zuvor hatte ein Dieb kurz nach

Weihnachten Miss Teasebury eine mit Diamanten und Perlen besetzte Halskette im Wert von über 100.000 Pfund gestohlen. Sie war nie mehr wieder aufgetaucht. Holmes hatte also die seltene Gelegenheit, zwei Fälle gleichzeitig zu lösen, wenngleich er Watson zu verstehen gab, dass ihn die verschwundene Halskette dabei mehr interessierte.

Bevor er aus der Hektik der Stadt in die ländliche Idylle von Somerset wechselte, überflog Holmes seine Notizbücher, um sich die Umstände des Teasebury-Diebstahls in Erinnerung zu rufen. Der Täter war eines Abends ins Haus getreten, als die Schauspielerin gerade Gäste im Speisesaal bewirtete. Da die Türen alle unverschlossen waren und die Dienerschaft sich ganz um das Festmahl kümmerte, kam er (und es war mit ziemlicher Sicherheit ein Mann) einfach hereinspaziert, ging ins Schlafzimmer der Schauspielerin, durchwühlte ihre Frisierkommode, stieß auf die Halskette und spazierte mit ihr wieder hinaus.

Niemandem fiel der Eindringling auf, bis Miss Teaseburys Chauffeur, George Hazelhurst, einen fremden Mann am Automobil seiner Herrin entdeckte, das draußen vor dem Haus geparkt war. Der Chauffeur sagte, der Mann habe gewirkt, als sei er schon seit ein paar Minuten da und versuche den Motor zu starten, wohl zum Zweck der Flucht. Von ihm zur Rede gestellt, blieb der Mann noch kurz neben dem Motor stehen, bevor er davonlief, ohne dass Hazelhurst ihn richtig zu Gesicht bekam.

Piccard Grantham, ein Krabbenfischer aus Minehead, der kurz zuvor in einem Sturm sein Boot verloren hatte, wurde wenig später aufgrund eines anderen Raubüberfalls festgenommen und saß nun im Gefängnis von Shepton Mallet hinter Gittern. Obwohl der

Chauffeur sagte, dass Grantham dem Mann neben dem Motor recht ähnlich sehe, behauptete Grantham, die Halskette der Teasebury nie gesehen zu haben, und so blieb das Schmuckstück verschollen.

Schauspieler, selbst sehr bekannte, häufen große Reichtümer selten allein durch ihre Begabung an. So war es auch bei Agatha Teasebury. Als sie auf die fünfzig zuging, hatte sie Adolphus Grinkwaller III geheiratet, einen amerikanischen Geschäftsmann, der mit Kohle und Stahl ein gewaltiges Vermögen gemacht hatte. Miss Teasebury war mit ihm vor den Altar getreten unter der Bedingung, dass er sich in England niederließ, und zwar nicht zu weit von London entfernt. Der Millionär reagierte prompt, indem er Axelbury Hall in Nether Stowey erwarb, außerdem 700 Hektar umliegenden Grund mit Höfen und schönen Parks.

Leider konnte Mr Grinkwaller seine Position innerhalb des englischen Landadels nicht lange genießen. Sechs Monate nach der Heirat stürzte er bei einem Ausritt mit seinen Jagdhunden durch die Quantock Hills vom Pferd und starb durch Genickbruch. Was wiederum Agatha in theatralisch ausgelebten Herzschmerz stürzte.

Anders als ihr Mann war Miss Teasebury jedoch bald wieder auf den Beinen, und sie gab sich dem beschaulichen Landleben hin, das nur hier und da von Gastauftritten auf Londons Bühnen unterbrochen wurde. Ihr Haushalt umfasste drei Dienstmädchen, eine Köchin, einen Butler, eine Wirtschafterin und einen Chauffeur. Mit Pferden wollte sie nach dem Tod ihres Mannes nichts mehr zu tun haben, stattdessen ließ sie sich in dem herrlichen roten Buick, den ihr Mann aus den Vereinigten Staaten mitgebracht hatte, zum Bahnhof nach Taunton fahren.

Als sie dieses Automobils verlustig ging, das der Eindringling offenbar zu starten versucht hatte, sah sich Miss Teasebury zu ihrem Brief an Sherlock Holmes veranlasst.

Der Droschkenkutscher, der Holmes und seinen Freund vom Bahnhof Taunton abholte, berichtete, dass es im Gebiet der Quantock Hills in den letzten drei Wochen fünf Fälle von Brandstiftung gegeben habe. Zum letzten Fall, der Zerstörung des roten Buick, konnte er nichts sagen, aber die anderen vier waren alle in derselben Weise vonstattengegangen. Ein mit Lampenöl getränkter Heuballen war neben den Garagentüren deponiert und angezündet worden. Bei Ankunft der Feuerwehr hatten die Flammen schon durch die Holzfenster gezüngelt und das Auto in der Garage zerstört.

Glücklicherweise gab es dabei keine größeren Opfer; ein Stalljunge, der auf dem Dachboden über einem der Fahrzeuge geschlafen hatte, kam mit leichten Verbrennungen davon. Die Polizei fahndete nach einer männlichen oder weiblichen Person, deren Lebensgrundlage durch die zunehmende Verbreitung des Automobils zu Lasten von Pferdewagen auf dem Spiel stand. Es gab mehrere Verdächtige, aber noch nicht genügend Indizien, um jemanden verhaften zu können.

Nachdem sich Holmes und Watson in einer nahegelegenen Herberge einquartiert hatten, erschienen sie in Axelbury Hall. Für den Doktor war die Taube aus der Drury Lane »von Nahem besehen genauso hinreißend wie auf der Bühne«. Vernarrt, wie er war, musste Shakespeare zur Umschreibung seiner Gefühle herhalten. »Nicht kann sie Alter hinwelken«, schrieb er in sein Notizbuch, »täglich Sehn an ihr nicht stumpfen die immer neue Reizung.« Wenig überraschend, war Holmes nicht in gleicher Weise entzückt und befand, dass der Vergleich zwischen Agatha Teasebury und Kleopatra »doch etwas hergeholt« sei.

Der Buick hatte in einer gemauerten Garage gestanden, die sich rund fünfzig Meter vom Haus entfernt in einem Wäldchen befand. Das in ähnlicher Weise aus Steinen errichtete Wohnhäuschen des Chauffeurs lag zehn Meter weiter am Rand des kleinen Waldes. Die Wände der Garage hatten den Brand überstanden, die Türen und das Dach aus Holz jedoch waren vollständig zerstört, und das Fahrzeug im Innern war zu einem verkohlten Skelett aus verbogenem Metall zusammengeschnurrt.

Holmes untersuchte die Überreste in Begleitung des Chauffeurs. Der arme Mann gestand, er sei ganz niedergeschlagen vor Kummer und fühle sich schuldig, da er nicht habe verhindern können, dass ein Besitz zerstört wurde, der seiner Herrin so viel bedeutet hatte.

Holmes blickte ihn streng an. »Schuldig?«

Hazelhurst bückte sich verlegen nach dem Schloss, das die Garage verriegelt hatte. Es war geöffnet.

Holmes nickte. »Und nur Sie hatten einen Schlüssel?«, fragte er.

»Ich bin der Einzige, der ihn benutzt, Sir. Er hängt an einem Nagel drinnen beim Dienstboteneingang. Er ist noch da, schätze ich. Ich hätte schwören können, dass ich sie richtig abgeschlossen habe, aber ich bin manchmal ein bisschen schusselig. Offenbar habe ich das Schloss nicht richtig rumgedreht, nachdem ich das letzte Mal mit dem Auto unterwegs gewesen war.«

»Offenbar. Und wann war das letzte Mal?«

»Vor zwei Tagen erst, Sir. Ich war drüben in Shepton Mallet, um aus Armstrongs Werkstatt ein Reserverad abzuholen. Da drüben an der Wand sehen Sie, was von ihm übrig geblieben ist.« Er wies auf ein rundes Etwas aus verkohltem Gummi.

»Waren Sie allein da?«

»Nein, Sir. Ich habe das Dienstmädchen mitgenommen, Molly Fish. Sie musste Kleidung kaufen. Ich hab sie nicht näher danach gefragt, Sir, denn es ging wohl um etwas, nun, Weibliches.«

»Und ist sie mit Ihnen zurückgefahren?«

»Ja, Sir. Ich musste ein Weilchen auf sie warten, weil sie sagte, es hätte noch etwas gedauert mit ihrem Liebst…, ich mein, mit ihrem Kleid.« Hazelhurst hüstelte und blickte ängstlich auf.

»Ja?«

»Nun, ich weiß, es ist nur Tratsch, Sir, aber ich hab die Frauen sagen hören, Molly hätte einen jungen Mann, so heimlich. Vielleicht war sie ein bisschen spät dran, weil sie bei ihm war. Sie wirkte etwas nervös …«

»Danke, Hazelhurst. So viel zum Tratsch, zurück zu den Fakten. Hatte Molly Sie schon zuvor auf Ihren Fahrten zu Armstrongs Werkstatt begleitet?«

»Nur einmal, Sir. Vor einem Monat. Ich musste eine Pumpe abholen, und sie bot sich an, Bettwäsche für die Gästezimmer mitzunehmen.«

Holmes nickte, und nachdem er kurz innegehalten hatte, um über das eben Gehörte nachzudenken, begann er die Überreste des Autos zu inspizieren. Hazelhurst stand neben Watson und fingerte nervös an seiner Mütze herum.

Ein paar Minuten später zeigte sich Holmes überrascht. Er war sich nicht ganz sicher, hatte aber den Eindruck, dass der Benzintank des Autos mit einer Bügelsäge geöffnet worden war.

Hazelhurst kam näher, um sich das genauer anzuschauen. »Da bin ich aber platt, Sir!«, murmelte er, über die Trümmer gebeugt. »Wirkt ganz so, als wollte der Kerl hier auf Nummer sicher gehen – sägt den Benzintank auf, damit die Flammen auf jeden Fall ans Benzin gelangen.«

Holmes stand auf. »Ja, so sieht es aus. Haben Sie eine Bügelsäge, Hazelhurst?«

»Ich hatte eine, Sir.« Er wies auf die verkohlten Überreste eines hölzernen Werkzeugkastens. »Sieht ganz so aus, als hätte ich mit dem Automobil auch mein Werkzeug verloren.«

»Eine letzte Frage, Hazelhurst.«

»Ja, Sir?«

»Halten Sie es für denkbar, dass das Feuer zunächst draußen vor den Garagentüren begann und erst, als diese brannten, nach innen gelangte?«

»Nein, Sir. Als ich eintraf, brannten die Türen noch – von innen her.«

»Danke, Hazelhurst. Das war sehr erhellend.«

Am nächsten Morgen mietete Watson eine Pferdedroschke, dann fuhren er und Holmes in Begleitung des örtlichen Polizeiwachtmeisters zu den vier anderen Stätten von Brandstiftung. An zweien waren die Autos bereits fortgeschafft worden, an den anderen jedoch konnte der Detektiv die verkohlten Reste gründlich unter die Lupe nehmen. Nach einem Mittagessen in Crowcombe kehrten die drei im Regen nach Axelbury Hall zurück.

Mittlerweile musste Holmes häufig und laut schniefen. Dies sei, sagte Watson, ein klarer Hinweis, dass sich sein Freund beim Umherfahren durch die regnerischen Quantocks verkühlt habe. Holmes blickte missbilligend, schniefte erneut und sagte, er habe ja gewusst, dass er lieber in London hätte bleiben sollen. Aber das werde ihn nicht von der Arbeit abhalten. Mit Miss Teaseburys Zustimmung würde er gern alle ihre Angestellten in deren Unterkünften befragen. Die Schauspielerin erfreute Watson – und verärgerte Holmes – zunächst mit einer Geschichte über einen Bewunderer, der einfach in ihre Garderobe eingefallen sei, »ohne auch nur anzuklopfen«, dann erklärte sie sich einverstanden mit der Befragung.

Der Detektiv begann mit dem Chauffeur in seinem Häuschen und schloss mit Molly in ihrem Quartier oben im Haus. Während er dort war, schien sein Schnupfen schlimmer zu werden, und er saß schniefend wie ein Walross da, während sie auf seine Fragen antwortete.

Als diese Runde durch war, stellte Holmes fest, dass das Haus über keinen Telefonanschluss verfügte, weshalb er mit dem Einspänner der Wirtschafterin für einen Anruf nach Nether Stowey fuhr. In Begleitung des örtlichen Wachtmeisters kehrte er eine halbe Stunde später zurück.

»Wir hatten hier angenehme und höchst erfolgreiche Tage, Watson«, sagte Holmes, an dem nun keinerlei Anzeichen lästigen Schnupfens mehr zu erkennen waren. »Ich überlasse es unserem guten Freund Constable Diggins, den Übeltäter festzunehmen, der das schöne Automobil zerstört hat. Außerdem wird er die Halskette ihrer rechtmäßigen Besitzerin aushändigen. Wir beide jedoch, mein lieber Freund, müssen uns nun beeilen, wenn wir den letzten Zug nach London nicht verpassen wollen.«

Während der Fahrt erfuhr Watson von Holmes, wie er auf den Brandstifter des Buick gekommen war und wie dieser Fall mit dem Auffinden der Halskette von Miss Teasebury zusammenhing. Ein einziger Besuch hatte ihm genügt, um dem Brandstifter auf die Spur zu kommen und das Rätsel der gestohlenen Halskette zu lösen.

Was hat er Watson erzählt?

Das Rätsel
des frühen Kuckucks

In der Zeit, da in den Häusern der Wohlhabenden zur Lichter-
zeugung Strom zunehmend an die Stelle von Gas trat, konnten
Menschen mit verlässlicher Stromversorgung allerhand faszinie-
rende Gerätschaften kaufen. Eine davon war die Sauber Elektrische
Kuckucksuhr (zum Patent angemeldet), entworfen und hergestellt
von Gustav Strauss in Birmingham.

Diese ausgeklügelte Uhr hatte Holmes bereits bei einigen seiner
gut betuchten Klienten bewundert, und im *Daily Telegraph* las er
mit Interesse einen Artikel über den tragischen Tod ihres Erfinders.
Mr Strauss war in seiner Badewanne leblos aufgefunden worden,
ein Stromschlag durch eine seiner eigenen Uhren hatte ihn das Leben gekostet.

Am nächsten Tag erhielt Holmes unangekündigten Besuch von
der Witwe des Uhrenherstellers. Die Polizei wollte ihr nicht darin
folgen, doch Mrs Strauss war überzeugt, dass ihr Mann nicht durch

einen Unfall verstorben war. Holmes wurde neugierig und bat sie um nähere Begründung.

Mrs Lilly Strauss, eine attraktive, bodenständige Frau um die vierzig, legte ihre Geschichte bewundernswert offen dar. Sie begann mit einem persönlichen Geständnis: Sie und Gustav hatten nie geheiratet. Obwohl sie als Mann und Frau zusammenlebten und drei reizende Kinder hatten, waren sie vor dem Gesetz immer Mr Gustav Strauss und Miss Lilly Phillips geblieben.

Die Entscheidung, nicht zu heiraten, hatte Gustav getroffen. Er versicherte Lilly, dass es keine andere Frau neben ihr gab, dass er vielmehr als moderner Mann der Wissenschaft keine Zeit habe für »Gebräuche und Rituale, die sich aus der Zeit des Aberglaubens hinübergerettet« hatten. Da es Lilly auch nicht in die Kirchen und Kapellen zog, erklärte sie sich mit dem Wunsch ihres Partners gern einverstanden.

Das Paar hatte sich kennengelernt, kurz nachdem Gustav aus der Schweiz nach Birmingham gezogen war, wo er die Fabrik eröffnet hatte, in der die Sauber Elektrische Kuckucksuhr hergestellt wurde. Warum Sauber und nicht Strauss? Sauber sei der Mädchenname seiner Mutter, sagte er, und er habe die Uhr ihr zu Ehren nach dieser benannt. Sein Vater sei gestorben, als er sechs Jahre alt war, seine Mutter zehn Jahre später. Er sei der einzige Spross aus dieser Verbindung.

Sie besaßen zwar keinen Trauschein, doch die Beziehung zwischen Gustav und Lilly war harmonisch. Als zunehmend mehr Haushalte ans Stromnetz angeschlossen wurden, stieg auch die Nachfrage nach der neuartigen Kuckucksuhr, und Strauss wurde ein reicher Mann. Er und Lilly kauften sich eine stattliche neue Villa in einer baumreichen Vorstadt, stellten eine Köchin und eine Dienstmagd ein und bezahlten Privatunterricht für ihre Kinder. Der Erfolg der Uhr rief auch die Presse auf den Plan, in den *Illustrated London News* erschien unter der Überschrift »Ein neuer Mann des elektrischen Zeitalters« ein Bericht über den Erfinder und sein Werk.

Kurz nach Erscheinen dieses Artikels kam es erstmals zu einer irritierenden Angelegenheit, die sich zu einer ganzen Serie auswuchs. Aus dem Ausland trafen Briefe ein, die an einen »Mr Sauber-Strauss« adressiert waren. Gustav tat sie ab; ein verwirrter Beamter in Bern wolle von ihm etwas über ererbten Besitz von einer Tante wissen. Obwohl er die Briefe für belanglos erklärte, war er immer unruhig, wenn sie eintrafen, und warf sie nach einem kurzen Blick auf den Inhalt ins Feuer. Lilly, die weder Französisch noch Deutsch konnte, las sie nicht.

Gustavs Unruhe nahm zu, als Mitte März im Wald vor ihrem Haus der erste Kuckuck des Frühjahrs zu hören war. Das Tier war einen Monat zu früh dran, darin waren sich alle einig, und Ornithologen suchten den Wald nach ihm ab. Der frühe Zugvogel wurde nie entdeckt, und als man ihn nicht mehr rufen hörte, sagten Fachkundige, er habe vermutlich die Kälte nicht überlebt. Während dieser ganzen Vorkommnisse war Gustav seiner Frau und den Kindern gegenüber ungewöhnlich nervös.

»Um diese Zeit begann der wandernde französische Kesselflicker durch die Straßen unseres Viertels zu streifen«, sagte Lilly. Holmes hob überrascht eine Braue und wollte mehr dazu wissen.

Der Kesselflicker war ein verschrobener Kerl, fuhr Lilly fort, aber sehr unterhaltsam. Er war extrem kurzsichtig, klapperdürr, hatte lange Haare und einen langen struppigen Bart. Da er sich keine Brille leisten konnte, trat er ganz dicht an die Leute heran und fragte sie mit starkem französischem Akzent: »Aben Sie eine Topf zu flicken, bittö?«

Die Kinder amüsierten sich köstlich und äfften ihn nach. Und selbst Gustav, dem der Kerl anfangs nicht geheuer war, musste zugeben, dass er »ganz schön ulkig« war.

Es blieb jedoch nicht lange ulkig. In der ersten Aprilwoche fuhr Lilly mit den Kindern auf Besuch zu ihrer Schwester in Darlington. Sie gab der Köchin ein paar Tage frei, die Dienstmagd sollte die laufenden Arbeiten verrichten. Gustav hatte nichts gegen ihre Reise, bat sie jedoch, nicht zu lange fortzubleiben, da er sich ohne sie im Haus nicht wohlfühlte. Als sie vier Tage später heimkehrte, wartete zu ihrer Überraschung die Dienstmagd an der Haustür auf sie. Die junge Frau entschuldigte sich über die Maßen. Sie habe am Abend zuvor frei gehabt, »ein bisschen einen gezwitschert« und ihren Hausschlüssel verloren. Nachdem sie die Nacht über bei ihrer Freundin Dotty geblieben sei, habe sie mehrfach Mr Strauss zu wecken versucht, damit er sie hineinließ, aber er habe nicht reagiert. Der Grund dafür ließ sich erkennen, kaum dass Lilly die Treppe hinaufgegangen und von dort einem Kabel bis ins Bad gefolgt war.

Die Polizei sagte, der Unfall habe sich irgendwann am Abend zuvor ereignet. Mr Strauss habe eine seiner Kuckucksuhren in Gang gesetzt und sie auf die Kante der Wanne gestellt, damit er sie beim Baden bewundern konnte. Er habe dabei offenkundig nicht richtig aufgepasst, denn sie sei in die Wanne gerutscht und habe ihm einen Stromschlag versetzt. Der Polizist fand zudem den Deckel des Sekretärs im Wohnzimmer aufgeklappt vor, der Schlüssel steckte noch im Schloss. Der Inhalt des Möbels lag verstreut umher, aber Lilly stellte fest, dass nichts fehlte. Der Kriminalbeamte schlussfolgerte, dass Mr Strauss in seinem Sekretär nach irgendetwas gesucht und dann beschlossen habe, erst einmal ein Bad zu nehmen.

Lilly war nicht überzeugt. Zum einen, sagte sie, wusste Gustav nur zu gut, wie gefährlich es war, in Wassernähe mit elektrischen Apparaten zu hantieren, er hätte niemals eine seiner Uhren mit ins Bad genommen. Zum anderen habe er nie und unter keinen Umständen seinen Sekretär unverschlossen gelassen. Der Schlüssel war aus der Tasche seines Morgenrocks genommen worden, wo er ihn gewöhnlich aufbewahrte. Das Kleidungsstück hatte an einem Haken innen an der Badezimmertür gehangen – wenn ein Eindringling auf Diebesgut aus war, musste er hier nach dem Schlüssel zu suchen beginnen. Lilly war entsprechend sicher, dass jemand anderes als ihr Mann den Sekretär geöffnet hatte, vermutlich auf der Suche nach etwas.

Was bewahrte Gustav denn darin auf?, fragte Holmes.

Nur persönliche Dokumente, erfuhr er. Sämtliche Geschäftsunterlagen inklusive der Konten, Patente und so weiter verwahrte er im Sauber-Büro.

Holmes fand schlüssig, was die Dame ihm erzählte, und fuhr zum Ermitteln nach Birmingham.

Als Erstes untersuchte er die unglückselige Kuckucksuhr. Sie unterschied sich von allen anderen, die er bislang zu Gesicht bekommen hatte, denn es stand kein Herstellername vorne dran. Lilly, die sie auch noch nicht kannte, sagte, sie sei ein sehr frühes Modell, vielleicht ein handgefertigter Prototyp.

Dann unterhielt sich Holmes sehr ausführlich mit der Dienstmagd. Sie sei froh, nicht entlassen worden zu sein, sagte sie, wo sie sich doch derart zum Narren gemacht habe in dieser Nacht. Sie habe ihren freien Tag gehabt und sei mit Dotty runter ins Brickmaster's Arms, um sich ein bisschen zu amüsieren. Alle seien da gewesen,

sogar dieser verrückte französische Kesselflicker, es sei lustig zuge-
gangen. Nach etlichen Gläschen Portwein (wie viele genau, wusste
sie nicht mehr) habe sie ihre Handtasche bei Dotty gelassen und sei
zur Toilette gegangen. Bei ihrer Rückkehr habe Dotty auf dem
Tisch getanzt. Erst als sie sich zum Gehen aufmachten, sei ihr aufgefallen, dass sich jemand an ihrer Handtasche zu schaffen gemacht
hatte. Der Dieb habe ihren Hausschlüssel an sich genommen,
außerdem etwas Kleingeld aus ihrem Portemonnaie, den Zehn-
Shilling-Schein aber seltsamerweise nicht.

Ob sich der französische Kesselflicker noch im Viertel aufhalte,
wollte Holmes wissen. Nein, erwiderte die Dienstmagd. Am Tag
nach dem Tod von Mr Strauss sei er in die Gemeinde gewechselt, in
der die Fabrik von Sauber Kuckucksuhren stand.

Dorthin ging Holmes als Nächstes. Er entdeckte den Kesselflicker auf dem Marktplatz, wo er seinem Geschäft nachging, und
verwickelte ihn in ein Gespräch. Während er redete, machte Holmes kleine Schritte vor und zurück, wie aus Nervosität. Allerdings
befasste er sich sehr genau mit den Augen des Mannes, um herauszufinden, ob er wirklich so kurzsichtig war, wie Lilly ihm gesagt
hatte. Er kam zu dem Schluss, dass er es nicht war. Zudem bemerkte er, dass eine schöne silberne Uhrkette aus einer Innentasche
seines Mantels hing – ein befremdliches Utensil für jemanden, der
zu arm zu sein behauptete, um sich eine Brille leisten zu können.

Holmes, der sich mit dem Mann in fließendem Französisch
unterhielt, erfuhr, dass er aus Saint-Jean-de-Monts im Westen
Frankreichs stammte. In der Vendée, seiner Heimat, habe er zu wenig Arbeit gefunden, weshalb er nun sein Glück in England versuche, »wo das viele Geld steckt«. Nach der lockeren Plauderei verab-

schiedete sich Holmes von ihm und sagte noch, wenn er nach London komme, müsse er bei Mrs Hudson vorbeischauen, die habe bestimmt einige Kessel zu flicken.

Der Mann schaute ihn erst seltsam an, dann grinste er über das ganze Gesicht und erwiderte, wenn er je nach London käme, würde er »Mr Cottage« (ein Pseudonym von Holmes) auf jeden Fall besuchen kommen.

Während er seine Einladung aussprach, war Holmes ins Deutsche gewechselt. Woher denn ein in der Vendée geborener und aufgewachsener Kesselflicker so gut Deutsch konnte, wollte er wissen, um die Fragen von Mr Cottage zu verstehen und in eben dieser Sprache zu beantworten? Ach, erwiderte der Mann, nachdem er von zu Hause fortgegangen sei, habe er zunächst fünf Jahre in Hamburg gelebt.

Das wird ja immer seltsamer, dachte Holmes. Er hatte seine Einladung auf Schweizerdeutsch ausgesprochen, ein Dialekt, den der Franzose in Hamburg unmöglich gelernt haben konnte. Der Detektiv begab sich daraufhin zur nächsten Polizeidienststelle und ersuchte um einen kräftigen Wachtmeister, der gemeinsam mit ihm ein paar Nächte in der Sauber-Fabrik verbringen könne. Er rechne mit einem Einbruch.

Noch in derselben Nacht wurde um drei Uhr morgens der Kesselflicker aus der Vendée festgenommen und des Einbruchdiebstahls beschuldigt. Weitere Anschuldigungen folgten.

Was war hier los?

Das Abenteuer der Büste
aus Athen

Wie bereits angemerkt wurde, fühlte sich Holmes nur in London richtig wohl. Je weiter er sich von der Hauptstadt entfernte, desto unbehaglicher wurde ihm. Ganz gegen den Strich ging es ihm daher, dass er im Frühjahr 1903 nach Athen fahren sollte. Watson lässt durchblicken, dass er diese lange, anstrengende Reise nur auf Bitten seines Bruders Mycroft unternahm; dieser war eng befreundet mit dem Paar, das dringend um Hilfe ersuchte.

Das Paar, um das es ging, waren Mr und Mrs Zitomir d'Arche, renommierte Sammler von Kunstobjekten aus der Alten Welt. Mit dem Vermögen im Rücken, das Mrs d'Arches Vater in Südafrika gemacht hatte, trugen sie die europaweit beste Sammlung echt antiker Büsten von griechischen Philosophen zusammen. Aristoteles, Sokrates, Pythagoras und zwanzig weitere standen auf eigens angefertigten dorischen Sockeln in der holzgetäfelten Galerie von Leighton Abbey, dem Landhaus der beiden in Lancashire. Nur Platon fehlte ihnen.

Daher war das Paar überglücklich, als es von einem albanischen Hobby-Archäologen einen Brief erhielt, dem zu entnehmen war, er habe eine sehr schöne Platon-Büste entdeckt, die er zum Kauf anbiete. Er schickte Fotografien, man wurde sich handelseinig. Mr d'Arches Mitarbeiter, ein fähiger junger Mann, der fünf Jahre zuvor mit einem Stipendium zum Studium der Geschichte nach Oxford gegangen war, fuhr nach Albanien, um sich von der Echtheit der Büste zu überzeugen. Nachdem er den d'Arches versichert hatte, dass es sich um ein Original handelte, beschloss man, den Erwerb mit einem Kurzurlaub zu verbinden. So ließ der Archäologe die Büste in eine Kiste verpacken und brachte sie nach Athen, wo er die beiden in Empfang nehmen sollte. Mitte April bestieg die Familie d'Arche mitsamt Bediensteten den Orient Express nach Konstantinopel und dort eine angemietete Yacht mit Dampfantrieb, die sie nach Athen brachte. Nach einer herrlichen Fahrt durch die Ägäis legte die Yacht Ende des Monats im Hafen von Piräus an. Die Büste wurde behutsam an Bord geschafft und auf Deck abgestellt. Mr d'Arche persönlich öffnete die Kiste, um sein Objekt in Augenschein zu nehmen. Er verkündete, die Büste sei rundum genauso, wie er sie sich erhofft habe, dann zahlte er dem erfreuten Archäologen gern die vereinbarte Summe.

Am Abend luden die d'Arches zu einem kleinen Umtrunk an Bord, bei dem sie ihre Neuerwerbung präsentierten. Danach wurde die Büste wieder in die Kiste gelegt. Das gesamte Frachtstück, das rund sechzig mal neunzig Zentimeter groß war und um die 100 Pfund wog, wurde mit dicken Seilen an Pfosten vor der Bordwand festgezurrt.

Am nächsten Morgen wurden die d'Arches um 5.45 Uhr durch wilde Schläge an ihre Kabinentür geweckt. »Ihre Statue, Sir«, rief der Kapitän auf die Frage, was denn los sei, »sie ist nicht mehr da. Mr Platon ist über Nacht verschwunden!«

In Begleitung eines heftig schwitzenden Watson traf Holmes zwei Wochen später in Athen ein. Die örtliche Polizei, so sagte man ihm, hätte sich für den Diebstahl im Grunde überhaupt nicht interessiert. Auch wenn das nie so direkt gesagt wurde, hatte Mr d'Arche den Eindruck, die Polizei wolle bei dieser Art von Plünderung alter Schätze, unter der Griechenland selbst so schlimm gelitten hatte, nicht auch noch behilflich sein. So sei denn der britische Detektiv bei seiner Arbeit leider ganz auf sich gestellt.

Holmes lächelte matt. »Nicht ganz«, erwiderte er, »ich habe immerhin den hervorragenden Doktor Watson an meiner Seite.« Diese Bemerkung war letztlich weitblickender, als Holmes ahnen konnte.

Ganz offensichtlich, so folgerte er, nachdem er sich die ganze Geschichte angehört hatte, konnte der Diebstahl nur mit Hilfe oder zumindest Kenntnis von jemand an Bord erfolgt sein. Prompt erhielt er eine Liste der Personen, die in der Nacht von Platons Verschwinden an Bord der Yacht geschlafen hatten:

Mr und Mrs d'Arche
Mr John Harper, der Mitarbeiter von Mr d'Arche
Miss Philippa Bannon, die Mitarbeiterin von Mrs d'Arche
Der Butler der Familie, Thomas Plumber
Zwei englische Zofen, Ethel Whistler und Lillian Argot
Kapitän Galanos
Der erste Maschinist des Kapitäns
Zwei griechische Seeleute

Holmes befragte alle Personen von der Liste entweder direkt oder, im Fall des Maschinisten und der beiden Deckhelfer, mit Hilfe eines Dolmetschers. Nur der Mitarbeiter John Harper fehlte: Er befand sich bereits wieder in London, um Vorkehrungen für die Rückreise der Familie zu treffen.

Während seines Gesprächs mit Mrs d'Arche erfuhr Holmes – »ganz unter uns, Sir« –, sie glaube, dass zwischen Harper und ihrer Mitarbeiterin, »meiner schönen, klugen kleinen Philippa«, »Liebe im Spiel« sei. Sie wäre überhaupt nicht erstaunt, wenn die beiden eines Tages bekanntgeben würden, dass sie heiraten wollen. »Aber wie sie angesichts ihrer Gehälter auf diese Idee verfallen können«, schloss sie seufzend, »das übersteigt meinen Horizont.«

Holmes nickte und fragte Mrs d'Arche, warum sie Miss Bannon als »klug« beschrieben hatte. Die Lady erklärte, ihre Mitarbeiterin habe »die Nase ständig in Büchern stecken, vor allem zu historischen Themen«. Zur griechischen Antike wisse sie ebenso viel wie Mr d'Arche, und wenn man einem Gespräch zwischen ihr und Harper lausche, gehe das zu »wie im Vorlesungssaal einer Universität«.

Nachdem er ausführlich mit allen Personen von der Liste gesprochen hatte, bat Holmes um Einsicht in die gesamte schriftliche wie telegrafische Korrespondenz, die seit ihrer Abfahrt aus Konstantinopel zwischen Schiff und Festland erfolgt war. Die d'Arches mochten ihre persönlichen Briefe zunächst nicht hergeben, doch als Holmes sagte, dass im Fall mangelnder Unterstützung wohl jemand anderes die Ermittlungen übernehmen müsse, gaben sie nach.

Zwei Stunden lang brütete Holmes über den ihm ausgehändigten Papierstapeln. Als er damit fertig war, legte er zwei Blätter zur Seite. Beide schienen Auskunft zu geben über die herausgesuchten Zugverbindungen auf der Rückfahrt der Familie. Das erste war die Abschrift eines Telegramms, das Philippa Bannon an John Harper geschickt hatte. Das zweite war seine Antwort darauf.

Ihre Mitteilung lautete wie folgt:

ALLES WOHL HIER STOP HOLMES SICHER NEU-
GIERIG STOP EMPFEHLE DIESE ZÜGE PARIS
NACH BOULOGNE STOP 15:25 15:71 14:15 04:80 17:08
14:60 18:54 18:15 12:63 18:98 16:45 16:50 13:88 18:27 10:57
11:90 16:52 17:06 18:12 16:42 17:09 18:05

Und Harpers Antwort:

NACHRICHT DANKEND ERHALTEN STOP ALLES BEREIT FÜR EINTREFFEN FAMILIE STOP DIESE ZÜGE WOHL BESSER GEEIGNET 13:86 17:77 14:77 16:58 12:65 16:43 17:45 06:25 17:00 13:32 18:07 14:61 16:49 08:70 18:05 14:61 18:12 03:33 13:46 10:66

Watson war so zufrieden mit sich selbst angesichts der Rolle, die er in diesem Fall spielen sollte, dass er gegen seine sonstige Gewohnheit den gesamten Dialog mit Holmes dokumentierte.

»Keine Uhr zeigt mehr als sechzig Minuten an«, so begann der Detektiv, »deshalb sind dies hier mit Sicherheit keine Zugverbindungen. Wir haben es offenkundig mit irgendeiner Art von Code zu tun. Wie sehen Sie das, Watson?«

»Mein lieber Holmes«, erwiderte der, »denken Sie ernsthaft, ich könnte mir einen Reim darauf machen? Um ehrlich zu sein, fühle ich mich hier wie in einer Geschichtsstunde.«

Holmes blickte mit neuerlichem Interesse auf die Telegramme. »Herr im Himmel«, sagte er leise. »Mir scheint, Sie haben Recht! Daten! Danke Ihnen, alter Freund. Dann wollen wir doch mal sehen, auf welche Ereignisse sie sich beziehen.«

Holmes und Watson entschlüsselten die Telegramme mit Hilfe eines Stapels Geschichtsbücher aus der Kajüte von Miss Bannon. Dann sprach Holmes mit Mr d'Arche und ging an Land, um ein Telegramm an Scotland Yard aufzugeben. Als die Sammler – abzüglich Miss Bannon – wieder in England eintrafen, stand die Platon-Büste unbeschädigt in Leighton Abbey für sie bereit.

Welche versteckten Botschaften hatte Holmes entdeckt, die ihm zur Lösung des Falles verhalfen?

Das Rätsel der verschwundenen Philatelisten

Wie jeder Leser der Geschichten von Sherlock Holmes weiß, lag die im spätviktorianischen Großbritannien zur Schau getragene Bürgerlichkeit nur wie ein dünner Schleier über verruchtem Lotterleben und abgrundtiefer Boshaftigkeit. Im bunten Treiben dieser Unterwelt kannte sich niemand besser aus als Holmes, und da er tiefe Einblicke darin hatte, was manche ihrer außergewöhnlichen Bewohner zu ihrem Handeln trieb, konnte er einen Fall aufklären, der die besten Leute von Scotland Yard vor ein Rätsel gestellt hatte: das Rätsel der verschwundenen Philatelisten.

Im Juni 1886 setzten die Londoner Zeitungen den Namen von Jack Durrant, verheirateter Buchhalter aus dem Bezirk Newington St Mary, auf die ohnehin schon lange Liste der vermissten Bürger dieser Stadt. Nähere Auskünfte dazu gab es nicht, so etwas passierte derart häufig, dass sich die Polizei denkbar wenig für den Fall interessierte. Sollte Sherlock Holmes ihn seinerzeit zur Kenntnis genommen haben, so hat er Watson gegenüber nichts davon erwähnt.

Anfang September des gleichen Jahres interessierte sich die Polizei ungleich mehr für das spurlose Verschwinden eines gewissen Gregory Billings. Der Grund dafür war, dass Billings genau wie Durrant ein verheirateter Buchhalter aus dem Bezirk Newington war. Dieser merkwürdige Zufall rief die Presse auf den Plan, und im Golden Swan in der Cranbury Street, wo sich, wie man wusste, die beiden trafen und wo man sie unlängst noch zusammen gesehen hatte, wurde allerhand getratscht. Nach Auskunft ihrer Ehefrauen waren beide leidenschaftliche Philatelisten und Gründungsmitglieder der Newington Stamp Society, die für ihre Sitzungen einen Raum über dem Pub angemietet hatte.

Auch Holmes registrierte das Verschwinden der beiden verheirateten Philatelisten aus demselben Bezirk. Watson gegenüber äußerte er sich ironisch über die Gefahren des Briefmarkensammelns, schien sich ansonsten aber nicht näher mit dem Thema zu befassen.

Zwei Monate vergingen. Durrant tauchte ebenso wenig wieder auf wie Billings, und unter den Gästen des Golden Swan kursierten Gerüchte, die beiden hätten sich nach Tahiti abgesetzt, wo sich wunderschöne Mädchen angeblich jedem ausländischen Mann, der die Insel betrat, hemmungslos hingaben. John Coleman, das einzige andere ordentliche Mitglied der Newington Stamp Society, spottete über diesen Verdacht. Wer so etwas von sich gebe, habe keine Ahnung von seinen Freunden, sagte er. Doch als man ihn aufforderte, eine andere Erklärung für das Verschwinden der Männer zu liefern, verzog er nur das Gesicht und sagte, er habe keine, aber hier »stimme etwas nicht«.

Am 5. November erfuhr John Coleman, was dieses Etwas war. Er konnte es allerdings nicht weitersagen, denn an diesem Tag verschwand er selbst auf dem Weg vom Golden Swan heim zu seiner Frau. Diesmal las man darüber landesweit in der Presse, und die Londoner Polizei setzte unverzüglich zwei Ermittler auf den Fall an. Sherlock Holmes wollte sich nun selbst ein Bild von der Sache machen und lud am nächsten Morgen Watson ein, ihn dabei zu begleiten. Sie nahmen eine Mietdroschke und fuhren über die Southwark Bridge nach Newington.

Inspektor Lestrade von Scotland Yard befasste sich bereits mit dem Fall. Mit der Wirtin sowie Stammgästen des Golden Swan hatte er etliche Gespräche geführt, war jedoch noch zu keinem Schluss gelangt. Watson berichtet uns, Holmes sei dem Inspektor auf der Straße begegnet und habe ihm seine Dienste als »unauffälliger Helfer« angeboten. Der Inspektor habe dieses Angebot höflich, aber entschieden abgelehnt und gesagt, er »käme sehr gut allein zurecht«.

Holmes nahm diese Abfuhr gelassen hin. Allerdings kehrte er nicht in die Baker Street zurück, sondern schaute sich an, auf welchen Wegen die drei Männer vom Golden Swan bis zu ihrer jeweiligen Haustür gelangten. Auf den ersten rund 400 Metern war ihr Weg der gleiche, er führte über einen dunklen, übelriechenden Hof und um einen rostigen Gasometer herum, daraufhin teilte er sich an einem kleinen Platz vor einem stuckverzierten Backsteinbau in orientalischem Stil, der als »Tempel des geoffenbarten Christus« diente. Ein Schild an einer Tafel neben dem Haupteingang setzte Passanten davon in Kenntnis, dass der derzeitige Pfarrer des Tempels Hochwürden Jeremiah St John Woolfstein sei, »Prediger von Weltrang, aus den Vereinigten Staaten von Amerika entsandt, um die Seelen dieser sündigen Stadt zu retten«.

Watson schreibt, der Detektiv habe das Schild sorgsam gelesen und dann wieder den Weg zurück zum Golden Swan eingeschlagen. Zehn Meter vor dem Zugang zum Hof versperrte ihm eine kleine Menschenmenge den Weg. In ihrer Mitte stand auf einer Holzkiste Hochwürden Jeremiah Woolfstein persönlich. Er predigte Feuer und Asche auf die Häupter seiner Zuhörer und verkündete, wer seinem Wort nicht folge, werde bestraft, »wie es im Buch Gottes unseres Herrn geschrieben steht«. Sollten die Menschen Londons nicht von ihrem üblen Treiben lassen und ihre Sünden bereuen, so sprach er warnend, werde »Gott der Herr ihre Stadt austilgen wie dazumal Sodom und Gomorra«.

Als eine Frau in der Menge rief, dies sei alles ausgemachter Blödsinn und der Prediger solle »zurück nach Amerika abschieben«, wies er mit dem Finger auf sie und schrie: »Sie ist gefallen, sie ist gefallen, Babylon, die große, denn von dem Wein des Zorns ihrer Hurerei haben alle Heiden getrunken«. Mit sich fast überschlagender Stimme schloss er: »Folge dem Buch der Offenbarung, böse Frau! In ihm steht, welche Strafe der Gottlosen harrt.«

Etliche Männer und Frauen verbaten sich dies und sagten, Woolfstein habe kein Recht, eine ehrbare Frau zu beleidigen. Als dieser bemerkte, dass die Menge auf Distanz zu ihm ging, änderte er seine Taktik. Er lächelte, breitete seine Arme aus und sagte, gewiss würden alle ehrbaren Bürger Londons gerettet, so sie denn dem geraden Pfad des Herrn folgten, einem Pfad, der vom Tempel des geoffenbarten Christus direkt in den Himmel führe.

Watson berichtet, dass Holmes daraufhin kopfschüttelnd kehrtmachte und sich zur nächsten Buchhandlung begab. Dort sagte er dem Inhaber, er benötige »etwas geistigen Trost«, ob er einmal in der Abteilung für religiöse Literatur stöbern dürfe. Der Mann hatte nichts dagegen.

Drei Tage später, am 9. November, nahm das Rätsel der verschwundenen Philatelisten unvermittelt die schlimmstmögliche Wendung. Am Morgen erfuhren die Bürger des Bezirks Newington, dass in der Colombo Street nahe dem Schießstand die Leichen von Durrant, Billings und Coleman gefunden worden waren. Irgendwann in der Nacht hatte man sie dort hingeschafft und in sitzender Position mit den Rücken gegen Laternenpfähle gelehnt. Obwohl die beiden ersten schon ziemlich verwest waren, hatte man offenkundig alle drei vor Eintreten ihres Todes schrecklich verstümmelt.

Kurz nach dem Frühstück erschien ein sichtlich erschütterter Inspektor Lestrade bei Holmes und bat um seine Mithilfe. Er wisse, dass Briefmarkensammlungen wertvoll sein können, hätte jedoch nie für möglich gehalten, dass jemand ihretwegen einen Mord beging. Er habe keine deutliche Spur, und »die Öffentlichkeit will den, der diese grausamen Verbrechen begangen hat, schnell verhaftet und vor Gericht gestellt sehen«.

Holmes war bereit, dem verzweifelten Beamten zu helfen. Mit einem Funkeln in den Augen sagte er, er könne nichts versprechen, habe jedoch ein, zwei verheißungsvolle Spuren, denen er nachgehen wolle.

Als Erstes untersuchte er die Leichen der vermissten Männer. Rippen und Brustbein von Jack Durrant waren an etlichen Stellen gebrochen, was darauf schließen ließ, dass sein Körper mit einem schweren Gewicht zerquetscht worden war. Dagegen schienen die ausgetrockneten Überreste von Gregory Billings keinerlei ungewöhnliche Male aufzuweisen. Dann jedoch inspizierte Holmes mit Hilfe seiner famosen Lupe sehr gründlich die Handgelenke und entdeckte eine Reihe winziger Einstiche. Ein einziger Blick auf die Leiche von John Coleman genügte, um dessen Todesursache zu erkennen. Seine Füße und Unterschenkel waren schwarz verschmort, und der seinem Gesicht eingeschriebene Ausdruck namenlosen Entsetzens zeugte davon, dass er äußerst qualvoll gestorben war.

Vom Leichenschauhaus, in das die Toten gebracht worden waren, ging Holmes in eine örtliche Leihbibliothek. Dort konsultierte er die hinteren Seiten einer sehr großen, sehr schwarzen King-James-Bibel und notierte ein paar Verse mitsamt ihren Nummern auf ein Blatt Papier. Dann kehrte er nach Newington zurück, um die Ehefrauen der Verstorbenen zu befragen. Es war ein schmerzliches Gespräch, bei dem viel geweint wurde und getröstet werden musste, doch am Ende hatte er die Auskünfte, die er brauchte. Jack Durrant war in der Nacht vom 16. Juni verschwunden, einem Mittwoch. Mrs Durrant sagte, er sei im Golden Swan gewesen auf einer Sitzung der NSS, der Newington Stamp Society. Seine Briefmarkensammlung, die er in einem Lederkoffer verwahrte und an die er sie und ihre Kinder niemals heranließ, befand sich nicht im Haus. Wie Mrs Durrant bereits Inspektor Lestrade mitgeteilt habe, vermute sie, der Attentäter ihres Mannes habe sie gestohlen.

Mrs Billings antwortete ganz ähnlich. Ihr Mann habe am Sonntag, 5. September das Haus verlassen für eine Sitzung der NSS im Golden Swan, von der er nie zurückgekehrt sei. Seine Briefmarkensammlung, die Mrs Billings nie zu Gesicht bekommen hatte, die ihr Mann jedoch stets in einer Leinentasche mit sich trug, war ebenfalls fort.

Holmes begegnete Watson auf seinem Weg zum Gespräch mit Mrs Coleman. »Ich spüre, wie sich die Schlinge enger um den Hals des Täters zieht«, vertraute er ihm an. »Zwei Beweisstücke benötige ich noch, dann kann ich die Sache wieder Lestrade übergeben, festnehmen muss er dann selbst.«

Mrs Coleman, deren Mann drei Tage zuvor verschollen war und die erst an diesem Morgen von dessen grausigem Tod erfahren hatte, war viel zu verzweifelt, um mit irgendwem über die Wegstrecken ihres geliebten John reden zu können. Holmes hatte Glück, dass ihre ältere Schwester Mrs Winnifred Pollard, die nur drei Türen weiter wohnte, redefreudiger war. Ja, sie wusste Bescheid darüber, dass ihr Schwager Mitglied der NSS war und dass er immer zu

deren Sitzungen in einem Raum über dem Golden Swan ging. Und nein, ihrer Kenntnis nach habe sich ihre Schwester für seine Sammlung nie interessiert. Mrs Coleman habe sie niemals zu Gesicht bekommen, sie wusste nur, dass ihr Mann sie stets in einer kalbsledernen Aktenmappe zu den Treffen mitnahm.

Holmes dankte Mrs Pollard für ihre Auskunft und ging schnellen Schrittes zum Golden Swan. Die Wirtin, eine gottesfürchtige Anglikanerin, die sonn- und feiertags keinen Alkohol ausschenkte, wiederholte Holmes gern noch einmal alles, was sie bereits Inspektor Lestrade erzählt hatte. Sie hatte der Newington Stamp Society für zwei Shilling monatlich oben einen Raum vermietet. Die drei Mitglieder des Vereins seien stets unter sich geblieben und hätten ihr niemals Ärger gemacht.

Ob sie je deren Briefmarkensammlungen gesehen habe?

Nein, das habe sie nicht. Die Männer hätten sich größte Mühe gegeben, ihre Alben vor anderen zu verbergen. Als sie einmal eines ihrer Treffen gestört habe mit der Frage, ob noch jemand Tee wünsche, habe Coleman sogar sein Jackett über den Tisch geworfen, damit sie nicht sah, was dort lag.

Das sei ihr nicht seltsam erschienen?

»Ein bisschen schon, mag sein«, gab die Frau zu. »Aber es hat mich nicht weiter gekümmert, weil die Herren doch so nett waren. Vor ein paar Monaten«, fuhr sie fort, »waren sie sogar so gut, mir zu Hilfe zu kommen.«

Holmes bat sie um Erklärung. Anfang Juni, sagte sie, begann Hochwürden Woolfstein kurz nach seiner Ankunft in England London zu missionieren und predigte draußen vor dem Golden Swan. Der Pub, so verkündete er, sei ein Sündenpfuhl, eine Kloake voller Säufer und Huren unter Anführung einer schamlosen Dienerin der römischen Brut.

Die Wirtin ging hinaus, um sich zu beschweren, und forderte ihn auf, sich zu verziehen. Dass er sich weigerte und dies mit einem Schwall biblischer Flüche garnierte, bekamen die drei NSS-Mitglieder, die eben zu ihrer Sitzung eintrafen, zufällig mit. Sie leisteten ihrer Gastgeberin sofort Schützenhilfe. Sie äfften den Prediger mit Bibelzitaten nach. Dass sie in der Heiligen Schrift so bewandert waren, überraschte sie, denn sie hatte nie zuvor einen von ihnen in der Kirche gesehen. Nach einem heftigen Austausch biblischer Verunglimpfungen stieg Woolfstein von seiner Kiste und stolzierte davon. Die Wirtin sah, wie Billings ihm ein Flugblatt in die Hand zu drücken versuchte. Der Prediger warf einen Blick darauf, sah seine drei

Verfolger mürrisch an und verschwand in Richtung seines Tempels. Als die Wirtin wieder hineinging, sah sie, dass ihre drei ritterlichen Beschützer weitere Flugblätter an die Gäste verteilten.

»Haben Sie gesehen, worum es dabei ging?«, wollte Holmes wissen.

»Nicht so richtig«, erwiderte sie. Sie dachte, es könnte eine Einladung zum Beitritt in die Stamp Society sein, denn oben auf den Zetteln habe groß NSS gestanden.

Als er dies gehört hatte, dankte Holmes der Frau für ihre klaren und hilfreichen Antworten. Eine halbe Stunde später, nachdem er noch einmal in der Stadtteilbibliothek gewesen war, um die Namen von Organisationen mit dem Kürzel NSS nachzuschlagen, erschien er bei Lestrade und empfahl ihm, Hochwürden Woolfstein und seine engsten Anhänger wegen Mordverdachts zu verhaften und im Anschluss den Tempel des geoffenbarten Christus sehr gründlich zu durchsuchen.

Drei Monate später wurden Hochwürden Woolfstein und drei Mitglieder seiner Gemeinde gehängt, schuldig der Entführung und Ermordung von Jack Durrant, Gregory Billings und John Coleman.

Durch welche Schlussfolgerungen kam Holmes dem Prediger und seinen Komplizen auf die Schliche?

Mord in Zimmer 327

Am 14. März 1879, einem Freitag, kam der junge Sherlock Holmes gerade aus einem Gespräch mit Lestrade bei Scotland Yard, da schnappte ihn sich ein anderer Detektiv, der nicht mehr ganz so junge Douglas Grimes.

Wie lange Grimes schon in Diensten stand, wusste niemand genau, und in gutmütigem Ton zog er Holmes gern wegen seines Alters und Mangels an Erfahrung auf. »Sie könnten allerhand von mir lernen, junger Mann«, prahlte er. »Kein lebender Mensch kennt die Welt des Verbrechens hier vor Ort besser als ich. Wissen Sie was, Holmes, oft genügt mir ein einziger Blick, schon ist der Fall gelöst. Nehmen wir den, mit dem ich gerade befasst bin … Ich bin mir schon ziemlich sicher, was da los war. Begleiten Sie mich doch einfach und schauen Sie mir dabei über die Schulter.«

Holmes erzählte Watson später, er habe Grimes' Einladung angenommen, um zu lernen, wie man *nicht* ermitteln sollte.

Während sie zum Tatort fuhren, berichtete der korpulente Grimes, was er zu dem Fall wusste. Am Morgen war Albert Higginbottom, ein dreißig Jahre alter verheirateter Waffenhersteller aus Sheffield, in Zimmer 327 des Royal Staffordshire Hotels hinter dem Soho Square tot aufgefunden worden. Man hatte ihm mit einem Bajonett aus seiner eigenen Firma den Hals durchstochen. Der Stoß war so heftig gewesen, dass er seine Halsschlagader durchtrennt hatte; die Spitze der Waffe war zwischen zwei Halswirbeln steckengeblieben.

Der Arzt vor Ort erklärte, Mr Higginbottom sei sofort tot gewesen. Ihm waren auch tiefe Schrammen an der rechten Wange und der linken Hand des Opfers aufgefallen; er vermutete, dass er sich diese Wunden 36 bis 72 Stunden zuvor zugezogen hatte, also deutlich vor dem tödlichen Stich. Ein Blick unter das Nachthemd des Toten enthüllte dem Arzt zudem, dass der Mann die Syphilis hatte.

Im Zimmer wies nichts darauf hin, dass etwas gestohlen worden war, sodass Diebstahl als Motiv entfiel.

Auf einer zerknitterten Fotografie aus seiner Brieftasche stand Higginbottom in dunklem Anzug neben einer hübschen Frau im Brautkleid und einem schick gekleideten jungen Mann. Die Braut und der junge Mann standen Hand in Hand da und sahen sich in Statur und Erscheinungsbild so ähnlich – glattes blondes Haar und harmlose, fast kindliche Gesichter –, dass man sie für Zwillinge halten konnte. Hinten auf dem Bild stand mit rotem Stift geschrieben »21. Juli 1878«.

Das andere interessante Objekt in der Brieftasche war die vom 8. März datierende Rechnung eines Dr. James Gumpert, 25 Ribble Mansions, Sheffield, über das »Richten eines gebrochenen Unterarms«. Der Arzt, der Higginbottoms Leichnam untersuchte, konnte ausschließen, dass dem Verstorbenen jemals ein Unterarm gerichtet worden war.

Higginbottoms Koffer enthielt nur Kleidung. In seiner Aktenmappe befanden sich ein Katalog mit Produkten der Firma Higginbottom & Co. und der Brief eines Mr Mustafa Tekin, der um einen Termin am 12. März im Midland Grand Hotel bat, bei dem es um den Erwerb von 500.000 Schuss Munition gehen sollte.

Als Holmes und Grimes im Hotel ankamen, hatte man den Leichnam bereits fortgeschafft, die persönlichen Gegenstände des Toten waren jedoch noch da. Während Grimes den Portier befragen ging, der die Nacht zuvor im Dienst gewesen war, untersuchte Holmes das Bajonett und den Katalog.

Mit Hilfe einer Lupe erkannte er, dass auf der Klinge »Hig No. 11.004 69« eingraviert stand. Im Katalog schlug er »Bajonette« auf

und stellte fest, dass zahlreiche Exemplare – die Nummern 11.006 bis 15.000 – mit »verkauft« vermerkt waren. Eine Fußnote informierte darüber, dass die Nummern 11.000 bis 11.005 Musterexemplare waren (»unverkäuflich«) und die Bajonett-Produktion seit 1876 eingestellt war.

Holmes ging nach unten und fand Grimes in einem Büro hinter der Rezeption, wo er sich mit einem ziemlich nervösen Portier unterhielt. Der Mann kannte den verstorbenen Mr Higginbottom »recht gut«, denn der Herr war im letzten Jahr etliche Male im Royal Staffordshire abgestiegen. Er sei üblicherweise drei Nächte geblieben, und jedes Mal – auch beim letzten Aufenthalt – habe ihn eine junge Dame auf dem Zimmer besucht. Sie habe stets einen Schleier und einen dunklen, knöchellangen Mantel getragen, sei gemeinhin gegen 23.00 Uhr erschienen und drei bis vier Stunden später wieder gegangen. Dabei habe sie ihm jedes Mal – außer jetzt zuletzt – eine Half-Crown-Münze zugesteckt.

Grimes wischte sich die Stirn und erkundigte sich nach dem Besuch der vergangenen Nacht. Der Portier sagte, die Dame sei später als sonst erschienen, erst kurz vor Mitternacht, und nur 15 Minuten geblieben.

Hatte er mit ihr gesprochen? Nein, sie sei unauffällig eingetreten, während er den *Evening Standard* las, er habe sie erst bemerkt, als sie die Treppe hinauf verschwand. Fortgegangen sei sie dann ganz eilig, habe nichts gesagt und ihr übliches Trinkgeld vergessen.

Grimes wischte sich noch einmal die Stirn. Hatte der Portier die Adresse der Dame? Als der Mann zögerte, sagte ihm Grimes, er solle keine Dummheit begehen, und drohte unverhohlen damit, dass Zuhälterei unter Strafe stand. Daraufhin sagte der Portier, das

Hotel sei sehr bemüht, seinen Gästen jeglichen Wunsch zu erfüllen, und, ja, er hatte die Adresse einer Dame, die einen Wäschedienst betrieb. Sie mochte die Person sein, nach der die Herrschaften suchten.

Als Holmes und Grimes das Hotel verließen, erschien ein Wachtmeister mit einem Telegramm. Es war an Grimes adressiert und Mrs Higginbottoms Antwort auf seine Bitte, sie möge, so rasch es ihr möglich sei, nach London kommen und der Polizei bei einer ihren Mann betreffenden Sache helfen.

»Wir brauchen jemand, der offiziell den Leichnam identifiziert«, erklärte Grimes. »Beachten Sie das stets, wenn Sie mit einem Fall befasst sind, Holmes.«

Folgendes stand in Mrs Higginbottoms Telegramm:

KANN LEIDER NICHT REISEN STOP SCHWER
VERLETZT DURCH KUTSCHUNFALL STOP
SCHICKE BRUDER TOM AN MEINER STELLE
STOP ERWARTE IHN BALD ZURÜCK STOP
ANKUNFT HEUTE ABEND ST PANCRAS STOP
AGNES HIGGINBOTTOM

Grimes erklärte, ein Schwager sei ebenso gut wie eine Ehefrau, und lud Holmes ein, ihn bei der Festnahme der »Wäschefrau« zu begleiten. Holmes blickte ihn daraufhin erschreckt an und sagte, Grimes möge ihn bitte entschuldigen, er habe noch etwas in eigener Sache zu erledigen.

Nachdem er zwei Telegramme verschickt hatte, eines an Dr. Gumpert und eines an die Polizeizentrale von Sheffield, betrat Holmes die öffentliche Bedürfnisanstalt am Bahnhof St Pancras. Er begann mit der Herrentoilette und verwickelte den Aufseher in ein langes Gespräch über das, was sein Beruf so alles mit sich brachte. Der Detektiv sagte, er würde wetten, dass der Kollege allerhand verrückte Dinge erlebe.

»Und ob, Sir«, wurde ihm fröhlich erwidert. »Erst gestern kommt da so ein mädchenhaft wirkender Mann mit großem Koffer rein, geht in eine Kabine und kommt in Frauenkleidern wieder raus!«

Holmes erfuhr, dass diese Verwandlung gegen 23.00 Uhr stattgefunden hatte, der Mann blond und klein von Statur war und beim Weggehen einen Schleier sowie einen langen dunklen Mantel getragen hatte. Er dankte dem Aufseher für diesen »faszinierenden Einblick in die menschliche Natur« und ging hinüber zur Damentoilette.

Dort war es nicht ganz so leicht. Die Frau, die seit Donnerstag, 22.00 Uhr Dienst gehabt hatte, war inzwischen heimgegangen, und ihre Kollegin war argwöhnisch gegenüber jedem Mann, der sich vor ihrer Einrichtung herumtrieb und sie ins Gespräch verwickeln wollte. Nachdem sie Holmes' Fragen fünf Minuten lang abgeblockt hatte, sagte sie, sie hätten gerade genug Ärger – »hat sich doch erst heute Morgen so 'n Homosexueller in Frauensachen reingeschlichen, als die arme Marge mal kurz mit was anderm beschäftigt war« – und dass sie die Polizei rufen würde, wenn sich Holmes nicht »sofort vom Acker macht«.

Holmes entschuldigte sich für seine Aufdringlichkeit, dankte für ihre Hilfe und ging unverzüglich fort. Unterwegs zu Scotland Yard machte er Zwischenhalt in der Baker Street, um die Antworten auf

seine Telegramme zu sichten. Die aus der Polizeizentrale von Sheffield lautete schlicht: NICHTS GEMELDET ODER AKTENKUNDIG.

Dr. Gumpert war noch weniger mitteilsam: GEBE FREMDEN KEINE AUSKUNFT ÜBER PATIENTEN STOP SCHON GAR NICHT ÜBER WEIBLICHE STOP TUT MIR LEID.

Bei Scotland Yard wartete Grimes schon auf Holmes, ein Lächeln wie ein Posaunenengel auf dem Gesicht. »Hab ich Ihnen ja gesagt, wie sonnenklar das ist, hm, Holmes? Vom alten Grimes können Sie sich eine Scheibe abschneiden. Hinter einem Verbrechen steckt fast immer eine böse Frau. In unserem Fall ist es Maggie Jones.«

Er erklärte, Miss Jones habe nach ihrer Festnahme gestanden, dass sie Albert Higginbottom während seiner Aufenthalte in London mehrfach besucht hatte, sie habe jedoch geschworen, in der Nacht zuvor nicht in Zimmer 327 gewesen zu sein, denn ein Herr mit Babygesicht und nördlichem Akzent habe sie aufgesucht, ihr eine großzügige Summe gereicht und gesagt, sein Freund Mr Higginbottom benötige ihre Dienste heute Abend nicht.

Ob jemand ihre Geschichte bestätigen könne, hatte Grimes gefragt. Ob sie ein Alibi habe. Nein, natürlich nicht. Offenkundig hatte sie sich mit Higginbottom heftig gestritten, so führte der Detektiv aus, vermutlich über Geld, und als er sich weigerte, die ihr angemessen erscheinende Summe zu bezahlen, hat sie ihn mit einem seiner eigenen Bajonette erstochen. In der Nacht, in der sie kein Honorar erhielt, hat sie dem Portier kein Trinkgeld gegeben, stimmt's? Was sie über das Geld von einem geheimnisvollen Mann erzählt habe, »ist genau die Art krude Story, mit der solche Leute immer ankommen«.

»Das mag oft stimmen«, wandte Holmes ein, »doch in diesem Fall hat die Dame meiner Ansicht nach die Wahrheit gesagt. Grimes, Sie haben die falsche Person verhaftet!«

Welche Anhaltspunkte hatte Holmes für diese Behauptung, und wer hatte seiner Ansicht nach den Waffenhersteller aus Sheffield getötet?

Der Finger des Betrügers

Umbrigg Vaultson, schreibt Watson, hatte viele Feinde. Einem im Finanzdistrikt tätigen Freund des Doktors zufolge beruhte der Reichtum des Selfmade-Millionärs darauf, dass er Hunderte ganz normale Bürger beschwatzt hatte, all ihre Ersparnisse in ein Programm zu investieren, das voller Optimismus »Reichtum für jedermann« hieß. Wie genau es dieses Modell geschafft hatte, niemanden als seinen Erfinder reich zu machen, wurde nie ganz durchschaut, und als 1889 das Programm zusammenbrach und viele seiner Kunden mittellos machte, mokierten sich Schlauköpfe in der Threadneedle Street darüber und sagten, sie hätten das von Anfang an so kommen sehen.

Vaultson, den der Kollaps nicht betraf, legte sich zwei protzige Wohnsitze zu, einen in 14 Berkeley Square, London und einen in Fortune Towers, einem neogotischen Herrenhaus nahe Berkhamsted in der Grafschaft Hertfordshire. Eine Zeit lang schien es, als würde er mit seinem gewaltigen Schwindel unbehelligt davonkommen. Am 23. Februar 1879 jedoch wurde er um 17.30 Uhr unterwegs auf der langen Zufahrt zu seinem Landsitz entführt.

Der Anschlag war sorgfältig geplant. Hinter einer Kurve des baumgesäumten Wegs wurde Vaultsons Kutsche von drei maskierten Männern zu Pferde angehalten. Einer stand Schmiere, während die anderen beiden mit gezückten Pistolen die Wagentür aufrissen, Vaultson packten und herauszerrten.

In diesem Moment kam der Karren mit dem Gepäck des Millionärs hinter ihnen den Weg hinaufgerumpelt. Damit hatten die Entführer nicht gerechnet – Vaultsons Sachen wurden eigentlich immer vorausgeschickt –, und Panik erfasste sie.

Während die beiden größeren Angreifer ihr Opfer mit vorgehaltener Waffe zwangen, sich über den Sattel eines bereitstehenden Pferdes zu legen, und ihn mit einem heftigen Hieb auf den Kopf bewusstlos schlugen, zog der dritte Mitstreiter zwei Blätter Papier aus seiner Jackentasche und warf sie auf den Sitz der Kutsche.

Dann fluchte er und wollte eines der Schriftstücke wieder zurückholen. Die anderen jedoch drängten ihn, sofort mitzukommen, und so galoppierten die drei Übeltäter mit dem bewusstlosen Umbrigg Vaultson in die Dunkelheit davon.

Kaum waren sie allein, holten der Kutscher und der Diener, die ihn begleitet hatten, die im Innern des Wagens zurückgelassenen Papiere heraus. Das erste Blatt war eine unverstellt formulierte Botschaft aus Buchstaben, die aus dem *Daily Telegraph* geschnitten und auf einen Briefbogen geklebt waren. Sie forderte 50.000 Pfund in bar innerhalb einer Woche. Falls man die Polizei benachrichtige oder das Geld nicht zahle, werde der Gefangene umgebracht.

Auf dem zweiten Blatt standen zwei Zeilen aus zufälligen Buchstaben über einem gezeichneten Bulger-Golfschläger:

APZOONFFNUKEVNRUREE
NSNRFIFSTEZTOBDD

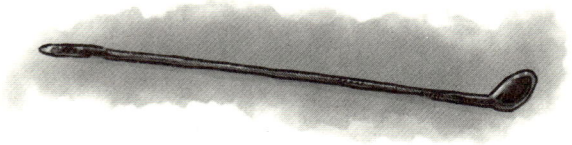

Vaultsons Frau und ihre beiden Söhne ignorierten das zweite Blatt, sie hielten es für eine Art Entwurf der Lösegeldforderung. Sie ignorierten auch die Lösegeldforderung selbst, bis eine Woche nach der Entführung ein anonymes Päckchen in Fortune Towers eintraf. Darin befand sich ein Finger des Millionärs, der unterhalb des Fingergelenks abgeschnitten worden war, außerdem eine zusammengeklebte Botschaft des Inhalts, solange das Lösegeld nicht gezahlt sei, kämen weitere Glieder.

Am nächsten Tag erschienen Mrs Vaultson und ihr älterer Sohn bei Sherlock Holmes und baten ihn um Hilfe. Der Detektiv hatte wenig Sympathie für den betrügerischen Millionär, doch noch weniger Sympathie hatte er für Verbrechen, und nachdem man ihm ein angemessenes Honorar zugesichert hatte, begann er streng vertraulich in dem Fall zu ermitteln.

Er konzentrierte sich sofort auf die Zeilen zufälliger Buchstaben auf dem zweiten in der Kutsche gefundenen Blatt. Nachdem er sie eine Weile betrachtet hatte, machte er sich ans Werk mit Stift, Papier, Schere – und einem Golfschläger. Als er fertig war, telegrafierte er Mrs Vaultson und fragte, ob es unter ihrem Personal jemanden namens Douglas gebe. Die Antwort kam fast umgehend: Ja, vor sechs Monaten hätten sie Douglas Telford als Hauslehrer ihres Jüngsten angestellt.

»Was bedeutet, mein lieber Watson«, sagte Holmes mit einem listigen Lächeln, »dass wir drauf und dran sind, diese ganze unappetitliche Sache abzuschließen.«

Was war Holmes aufgefallen?

Das Rätsel
der verschollenen
Meisterwerke

Jahrelang dachte Watson, Holmes würde nichts von Kunst verstehen. Nach dem »Hund von Baskerville«-Fall, in dem sich der Detektiv kundig zum Werk bedeutender Maler zu äußern wusste, änderte er indes seine Meinung. Der Doktor war daher nicht besonders überrascht, als ein Gesandter des königlichen Hofs bei Holmes in der Baker Street erschien und um seine Hilfe beim Wiederauffinden von vier Meisterwerken des siebzehnten Jahrhunderts bat, die aus der Königlichen Sammlung in Windsor Castle gestohlen worden waren. Ihr Wert wurde auf einen hohen sechsstelligen Betrag geschätzt.

Auf Bitten des Prince of Wales war der Diebstahl nicht publik gemacht worden. Gleichwohl hatte man Zollbeamte aller Häfen instruiert und erhöhte Wachsamkeit angeordnet. Vor allem sollten sie Gepäck und Fracht bekannter Kunstsammler durchsuchen, die aus dem Land reisten.

Nachdem Holmes sich bereit erklärt hatte, den Fall zu übernehmen, erhielt er nähere Angaben. Die gestohlenen Werke, allesamt außerordentlich wertvoll und in aufwendig vergoldeten Rahmen, stellten weibliche Akte dar. Das kleinste war 107 x 45 Zentimeter groß, das größte 244 x 167 Zentimeter. Die anderen beiden waren jeweils 141 x 114 Zentimeter groß.

Den Raub hatten geübte Kunstdiebe nachts mit akribischer Sorgfalt ins Werk gesetzt und dazu einen Schlosswächter bestochen. Solche Kriminellen, wusste Holmes, hatten ohne Ausnahme bereits einen Kunden im Sinn. Nachdem der Gesandte gegangen war, durchstöberte Holmes seine Zeitungsausschnitte und listete Sammler von Rembrandts, van Dycks und anderen Meistern des siebzehnten Jahrhunderts auf.

Holmes hielt es für sehr wahrscheinlich, dass die Bilder auf Bestellung einer Person von seiner Liste gestohlen worden waren. Mehr noch, wer immer sie in seinen Besitz brachte, würde sie gewiss gern präsentieren, statt sie nur im Keller wegzuschließen, somit kamen in Großbritannien lebende Bürger schon einmal nicht in Frage. Holmes zeigte die übrigen Namen einer in der National Gallery tätigen Kontaktperson. Ohne den Anlass dafür zu nennen, fragte er, welche dieser Leute dafür bekannt waren, dass sie Kunstwerke in Großbritannien erwarben und dann außer Landes brachten. Aufgrund der Antwort konnte er seine Liste auf zehn Namen zusammenstreichen.

Als Nächstes informierte er sich bei Scotland Yard über die Rechtschaffenheit dieser Personen. Er erfuhr, dass sieben bei der Polizei nicht aktenkundig waren, drei jedoch entweder bereits in der Vergangenheit mit dem Gesetz in Konflikt geraten waren oder schwer unter Verdacht standen. Einer dieser drei, der italienische Graf von Capraia, war im Jahr zuvor ermordet worden, blieben also noch zwei Kandidaten: Hildereena Granwerther aus New Jersey und Graf Lekszi Végh aus Budapest.

Holmes war sich durchaus bewusst, dass beide harmlos sein konnten, doch da er sonst keine Spur hatte, verfolgte er sie rastlos weiter und verfügte bald über ansehnliches Material zur Amerikanerin und zu dem Ungarn. Und je mehr er wusste, desto überzeugter war er, dass einer der beiden hinter dem Diebstahl steckte.

Das Geld von Mrs Granwerther stammte von ihrem verstorbenen Mann, einem sehr erfolgreichen Nieten-Fabrikanten. Nach seinem Tod war sie ins Immobiliengeschäft eingestiegen und hatte ihr Vermögen verzehnfacht durch eine Reihe von dubiosen Geschäften, bei denen angeblich Erpressung und sogar Mord im Spiel gewesen sein sollen. Als die Ostküste der Vereinigten Staaten zu gefährlich für sie wurde, ging sie nach Paris und widmete sich eine Weile ganz dem Aufbau ihrer Sammlung von Kunstwerken und antiken Möbeln.

Zwei Jahre später suchte Mrs Granwerther eine neue Herausforderung; sie legte sich einen zweiten Wohnsitz in London zu und mischte im englischen Immobiliengeschäft mit, wiederum mit bemerkenswertem Erfolg. Gleichwohl kursierten bereits Gerüchte, dass sie wie in den USA dabei nicht allzu zartfühlend vorging. Kritiker sagten, auch die Art, wie sie ihre unschätzbare Sammlung von Gemälden und Möbeln drüben in Paris immer weiter ausbaute, sei bedenklich, weshalb alle angesehenen Galerien und Auktionshäuser mittlerweile nicht mehr mit ihr zusammenarbeiteten. Und doch blieb sie in ihrem Hunger nach Neuerwerbungen unersättlich.

Graf Lekszi Végh war da erheblich unkomplizierter. Er gab sich gar keine Mühe zu verbergen, dass er für die Rechtslage daheim und in Großbritannien nichts als Verachtung empfand. Er hatte in Ungarn ein großes Landgut geerbt, in dessen Zentrum ein Schloss stand, und er prahlte damit, dieses Schloss zur »Kunsthauptstadt der Welt« machen zu wollen. Zu diesem Zweck verwendete er das familiäre Vermögen sowie weitere Mittel aus dem Handel mit Waffen und, wie es hieß, Sklaven zum Erwerb von Kunstwerken und Wandteppichen, wo immer er welche bekam. Unlängst waren Werke von Raffael, Tintoretto und Tizian aus dem Vatikan verschwunden, und die italienische Polizei war überzeugt, dass Végh dahintersteckte. Der Graf war wie Mrs Granwerther *persona non grata* in allen wichtigen Galerien und Auktionshäusern Londons.

Holmes wusste ebenso wie seine Verdächtigen, dass ihr Besitz bei Verlassen des Landes gründlich durchsucht würde. Wenn einer von ihnen die gestohlenen Gemälde hatte, so fragte er sich, wie würde er sie außer Landes zu schaffen versuchen? Die Antwort war, dass man sie irgendwo verbarg, wo kein Zollbeamter nach ihnen suchte, sie in irgendetwas versteckte, das der verdächtigen Person gar nicht oder erst seit sehr kurzer Zeit gehörte.

Gibbins and Dang, ein kleines Auktionshaus im Londoner Bezirk Whitechapel, gehörte zu den wenigen, die noch immer Geschäfte mit Mrs Granwerther und Graf Végh machten. Dies fiel Holmes beim Zusammenstellen seines Materials zu den Verdächtigen auf. Und als er erfuhr, dass G&D (wie man sie gemeinhin nannte) in zwei Wochen französische Möbel des achtzehnten Jahrhunderts anbot, sagte er Watson, dort müsse er hin. Zunächst wolle er jedoch noch eine Erkundigung einziehen.

Mit gepflegtem Schnurrbart und in braunem Leinenmantel gab Holmes einen Tischlermeister ab und suchte die Londoner Wohnsitze seiner Verdächtigen auf. Ob sie an alten Möbelstücken Reparaturen vorzunehmen hätten? In beiden Fällen erhielt er eine Abfuhr.

Mrs Granwerthers Haushälterin versicherte ihm, die Möbel in ihrer Obhut seien allesamt in hervorragendem Zustand. Der Vorsteher des gräflichen Hauses, ein ehemaliger Soldat mit rotem Gesicht und nur einem Arm, sagte Holmes in gebrochenem Englisch, alle reparaturbedürftigen Stücke seien drei Wochen zuvor in eine private Werkstatt gebracht worden. Nein, weitere dreiste Fragen werde er nicht beantworten, und sollte Mr Makepiece (so hatte sich Holmes ihm vorgestellt) das Gebäude nicht unverzüglich verlassen, werde er die Polizei rufen.

Am Abend sagte der Detektiv Watson beim Essen, seine Besuche seien »höchst aufschlussreich« gewesen, er werde sich am nächsten Tag zur Auktion von Gibbins and Dang aufmachen.

Als Holmes am Morgen der Auktion aus seinem Ankleidezimmer trat, war er Monsieur Vincent de Béarn, extravaganter Kunsthändler aus Paris. Nachdem er seinen Akzent an Mrs

Hudson erprobt hatte, die kein Wort verstand, nahm er eine Droschke zum Verkaufsraum.

Er traf frühzeitig ein, stellte sich dem Auktionator und seinem Mitarbeiterstab vor und machte sich daran, die angebotenen Stücke in Augenschein zu nehmen. Besonders interessierte er sich für einen Louis-XIV.-Tisch mit kunstvoll geschwungenen Beinen, zwei Stühle mit hohen Lehnen aus der Zeit Louis XV. und eine Louis-XVI.-Chaiselongue. Nachdem er jedes Stück mit seiner famosen Lupe genauestens untersucht hatte, hob er die Stühle behutsam an, vorgeblich, um ihre Beine zu besehen. Schließlich unterstrich er die Schätzpreise in seinem Katalog und nahm seinen Platz im Saal ein.

Fünfzehn Lose waren bereits unter den Hammer gekommen, da endlich weckte die Veranstaltung die Neugierde von Monsieur de Béarn. Bis dahin hatten Mrs Granwerther und der Graf jeweils drei kleine Stücke erworben. Keines der fünfzehn Lose hatte im Verlauf mehr als ein paar Pfund über dem Schätzpreis gelegen.

Los Nummer 16 waren die beiden Louis-XV.-Stühle. Die Amerikanerin und der Ungar überboten sich eine Weile gegenseitig und trieben so den Preis auf ansehnliche 175 Pfund. An dieser Stelle stieg Mrs Granwerther aus. Der Graf gestattete sich ein zufriedenes Lächeln, als sein Gebot zum zweiten Mal aufgerufen wurde.

Bevor der Hammer fiel und zum Erstaunen aller Anwesenden stieg Monsieur de Béarn an dieser Stelle mit einem Gebot von 180 Pfund ein. Der Graf verzog das Gesicht und ging auf 185 Pfund. Der Herr aus Paris seufzte und bot 200 Pfund. Die beiden Stühle lagen inzwischen erheblich über ihrem Schätzpreis.

Alle im Saal verfolgten interessiert und belustigt das weitere Bietergefecht zwischen dem eleganten Franzosen und dem mürrischen

Ungarn, das weitere sieben Minuten anhielt. Am Ende gewann der Ungar, doch erst, als die außergewöhnlichen Stücke bei einem Gebot von 690 Pfund angelangt waren.

Monsieur de Béarn erhob sich, nickte dem Auktionator zu und verließ den Raum. Auf dem Weg hinaus hörte man ihn seinem Konkurrenten höflich zuflüstern: »Ich bin *désolé*, Monsieur le Comte. Glückwunsch zu Ihrem Kauf – *mais je suis* sicher, dass sein Wert die von Ihnen bezahlte Summe bei weitem übersteigt, *n'est pas?*«

Der Graf sah den Mann argwöhnisch an und widmete sich wieder der Auktion. Es gab noch andere Stücke, die er erwerben wollte.

Am nächsten Morgen durchsuchte die Polizei zunächst die Räumlichkeiten von Gibbins and Dang, wo sich die tags zuvor versteigerten Stücke noch befanden, danach verhaftete man Graf Lekszi Végh und beschuldigte ihn des Besitzes gestohlener Beute – vier Meisterwerke des siebzehnten Jahrhunderts, die einen Monat zuvor aus der königlichen Sammlung gestohlen worden waren.

Die Polizei war durch einen Hinweis von Sherlock Holmes zur Tat geschritten. Welche Belege für die Schuld des Grafen hatte er ihr vorgelegt?

Holmes und das
perlenbesetzte Ei

Aus Watsons Aufzeichnungen ist zu erfahren, dass Sherlock Holmes etliche Male nach groben Fehlern der Polizei eine Sache ins Reine brachte. Ein solcher Fall ergab sich aus dem gewaltsamen, doch vermeidbaren Tod des weithin bekannten Londoner Verbrechers Charles Stannard-Smith, genannt »Culture-Charlie«.

Smith galt als einer der intelligentesten – und exzentrischsten – Kriminellen seiner Generation. Der weltmännische und hochgelehrte Eton-Absolvent machte Geld mit schlauen Betrugsdelikten, die meist in Zusammenhang mit den Geschäften seiner »Spinner«-Glücksspielclubs standen. Die Polizei wusste, dass er gegen Gesetze verstieß, die Presse wusste, dass er gegen Gesetze verstieß, die Politiker und Behörden wussten, dass er gegen Gesetze verstieß, und er selbst wusste doch über vierzig Jahre hindurch einer Haftstrafe zu entgehen. Man sah ihn oft in den höchsten Kreisen und regelmäßig in der Oper in Covent Garden; er galt als anerkannter Experte dieser Kunstform.

Anders als die meisten Menschen, die ihr Vermögen auf illegale Weise machten, investierte Smith sein schmutzig erworbenes Geld in einträgliche Geschäfte. Er besaß vier Cafés im Pariser Stil – sie hießen Ace, King, Queen und Knave – und vier elegante Hotels, die nach den vier Farben im Kartenspiel benannt waren. Ob das Hotel Hearts am Soho Square nicht im Grunde ein Bordell war, wurde nie so recht klar. Smith unternahm auch keinen Versuch, die Sache klarzustellen, er sagte, ein bisschen Geheimnis sei gut fürs Geschäft.

Es war nicht das Hearts, das Smith letztlich das Leben kostete, sondern das Diamonds, sein Vorzeigehotel am Hanover Square. In allen Cafés und Hotels von Smith befand sich ein üppiges Sammelsurium von großzügig als »Kunst« zu bezeichnenden Objekten. Diese Kunst reichte von schlichten Gemälden über geschnitzte Elefantenstoßzähne und mechanisches Spielzeug bis zu Schaufensterpuppen, die exotische Kleidung aus den verschiedensten Ecken der Welt trugen (und manchmal skandalöserweise auch nichts). Das Herzstück im Hotel Diamonds war ein großer Glaskasten am beren Ende des Hauptaufgangs, der ein Schild trug mit der Aufschrift »Reserviert für den schönsten Diamanten der Welt«.

Fünf Jahre lang blieb der Kasten leer, während Smith seinen eigenen Worten zufolge »nach einem Edelstein Ausschau hielt, der elegant genug war, um mein vornehmes Hotel zu zieren«. Er ließ die kriminelle Unterwelt wissen, er zahle gern eine großzügige Summe für einen ordentlich funkelnden Stein, gleich wo er herstammte. Die Polizei sah in diesem Angebot den Auslöser für einen sprunghaften Anstieg erfolgreicher oder versuchter Einbrüche bei den besten Juwelieren der Hauptstadt.

Bei einem besonders dreisten dieser Einbrüche erbeuteten die Diebe einen vierkarätigen Diamanten im Radiant-Schliff, der viele Tausend Pfund wert war. Als die Diebe eine Woche später verhaftet wurden, gestanden sie die Straftat und sagten, sie hätten den Diamanten »jemandem übergeben, der für Culture-Charlie arbeitet«.

Smith zu dem gestohlenen Stein zu vernehmen überließ man unklugerweise einem jungen Ermittler mit impulsivem Wesen und erheblicher Körperkraft. Das Gespräch zwischen dem starken Polizisten und dem eleganten, übergewichtigen Halbwelt-Unternehmer wurde hitzig. Entnervt von Smiths herablassender Art und offenbar provoziert durch dessen lässigen Umgang mit der Rechtslage wie der englischen Grammatik, sprang der Ermittler auf und packte seinen Quälgeist an der Gurgel. Die Sache ging übel aus – Smith erlitt einen schweren Herzinfarkt und gelangte nie wieder zu Bewusstsein.

Der Beamte wurde aus dem Dienst entlassen. Noch schwerer wog, dass der Verbleib des Diamanten weiterhin ein Rätsel blieb.

An diesem Punkt wurde Sherlock Holmes von Scotland Yard um Hilfe gebeten. Der große Detektiv, der sich privat bereits mit Smiths schillernder Persönlichkeit und seiner Art, Scherz zu treiben, befasst hatte, war sicher, dass er irgendwo einen Hinweis auf den Verbleib des Diamanten versteckt hatte. Er begann mit seiner Suche in Smiths riesigem, vollgerumpeltem Junggesellenschlafzimmer in einer Suite im fünften Stock des Ace Café. Mit dem Vergrößerungsglas in der Hand studierte er jedes *objet d'art* und den ganzen geschmacklosen Nippes. Ein Musikautomat mit Einlegearbeiten aus Gold und Elfenbein weckte sein Interesse. Den Schlüssel dafür fand er neben den Kissen auf Smiths Luxusbett, er öffnete den Deckel und setzte die seltsam formlose Musik in Gang. Er wiederholte diesen Vorgang und bediente sich nun seiner musikalischen Kenntnisse, um die Noten zu Papier zu bringen:

Nachdem er die Musik ein drittes Mal gehört und seine Mitschrift ergänzt hatte, ging Holmes zu einem silbernen Vogelkäfig mit ausgestopftem Ara darin, der neben dem Waschbecken hing. Unter dem Käfig befand sich ein großes, chinesisch anmutendes Porzellanei, das aufgrund seines Alters schon etwas verblichen war. Es war kunstvoll geschmückt mit einem Dutzend perlenbesetzter Zierstreifen; auf den Perlen war der Lebenszyklus der Biene dargestellt. Auf der letzten war eine tote Biene zu sehen, die auf dem Rücken lag und die Beine emporstreckte.

Holmes drückte vorsichtig auf den Körper der letzten Biene, daraufhin öffnete sich oben das Ei – und in ihm lag auf einem weichen Bett aus Baumwolle der verschollene Diamant.

Wie bloß war Holmes darauf gekommen, was hier zu tun war?

Das Rätsel
des gestürzten Sergeant

Die Kathedrale von Canterton war die Hauptkirche der anglikanischen Gemeinde und schaffte es doch selten auf Seite
eins der Presse. Watson war daher einigermaßen überrascht, als er
den Bau am 20. April 1886 groß in sämtlichen Tageszeitungen sah.
Der Grund dafür war, dass man früh am Morgen des Vortages auf
den Steinplatten des Querschiffes der Kirche eine Leiche entdeckt
hatte.

Noch überraschter war Watson, als am Freitag derselben Woche
sein Freund Sherlock Holmes Besuch erhielt von Detective Frank
Blean vom Polizeibezirk Kent. »Das Rätsel des gestürzten Sergeant«, wie die Presse es nannte, setzte ihn massiv unter Druck, und
er konnte nicht sagen, ob seine Nerven dem noch lange stand-
hielten.

Kurz gesagt erschien ihm selbst der Fall alles andere als eindeutig, doch von seinen Vorgesetzten und den »hohen Tieren der
Stadt« wurde er gedrängt, ihn zum Selbstmord zu erklären.

Den ehrlichen, direkten Blean, der dem Ganzen offenkundig nicht gewachsen war, fand Holmes sofort sympathisch, und er war bereit, ihm zu helfen. Allerdings würde Blean dadurch den Zorn besagter »hoher Tiere« auf sich ziehen und in noch größere Schwierigkeiten geraten. Holmes sagte Watson, er werde dieses Problem lösen, indem er die altehrwürdige Stadt des heiligen Egfrith gut getarnt besuchen werde. Rasch wurden eindrucksvolle Empfehlungsschreiben aufgesetzt, und am Samstagmorgen nahm William Hoffenbach III, Europakorrespondent des *New England Telegraph*, um 10.10 Uhr den Zug von Victoria Station nach Canterton West.

Durch Bleans Bericht und die Presseberichte war Holmes mit Informationen zu dem Fall bereits gut versorgt.

Am Montag, 19. April, hatte der Küster Clarence Flipp um 7.30 Uhr Sergeant Robert Melrose vom Schützenregiment am südlichen Querschiff der Kirche tot aufgefunden. Seine Taschen waren leer, desgleichen der Geldgürtel, den er unter seiner Uniform trug. Was diesen betraf, hatte Holmes bei Blean nachgehakt. War er ganz sicher, dass es sich um einen Geldgürtel handelte?

Vollkommen sicher, erwiderte der Detective.

Und er war gänzlich leer?

Gänzlich.

Holmes hielt einen Moment inne, bevor er seinen Besucher fortzufahren bat. So wie die Knochen gebrochen waren und die Leiche auf dem Boden lag, hatte Blean keinen Zweifel, dass Melrose vom Obergaden gestürzt war. Es erstaunte vielleicht, dass er nicht sofort tot war. Mit den Fingern der rechten Hand hatte der sterbende Mann noch mit dem Blut, das aus seinem gebrochenen Schädel troff, das Wort MASS auf die Steinplatten neben sich geschrieben. Nicht weit von ihm lag ein sehr alter, wertvoller Silberkelch. Durch den Sturz aus großer Höhe war er stark beschädigt, und man stellte fest, dass er aus den Beständen der Kirche stammte. Im Verlauf des vergangenen Monats war zudem ein Goldkreuz aus dem fünfzehnten Jahrhundert verschwunden, außerdem ein zweiter Silberkelch ganz ähnlich dem, der neben Melroses Leiche gefunden worden war.

Erneut wollte Holmes alle Details des Falles ganz genau wissen.

War sich Blean sicher, dass der Kelch vom Obergaden hinabgefallen war?

So sicher, wie man nur sein konnte, wenn man nicht selbst danebengestanden und zugeschaut hat. Dort, wo er gelandet war, hatte die Steinplatte sogar eine kleine Scharte.

Und da stand nur das Wort »MASS« mit Blut geschrieben, nichts anderes?

Da war noch so eine Art Schnörkel nach dem zweiten S. Blean vermutete, der Sterbende habe seine Botschaft mit einem Punkt beenden wollen.

Holmes nickte, sagte aber nichts dazu.

Am Abend dieses Tages erzählte man sich in den Wirtshäusern der Stadt allerhand Geschichten über den »gestürzten Sergeant«. Jedermann schien zu wissen, dass Melrose ein Frauenheld war. Angeblich hatte er in Großbritannien wie im Ausland etliche uneheliche Kinder gezeugt, er hatte Frau und Familie in seiner schottischen Heimat und lebte auch in Canterton, dem Standort seines Regiments, mit einer Frau zusammen. Ganz offenkundig, so machte es die Runde, habe er mit seinem Sold als Sergeant nicht alle seine Angehörigen versorgen können und deshalb mit dem Stehlen begonnen.

Die Kathedrale mit ihrer unschätzbaren Sammlung alter Kirchenschätze bot sich dazu an. Nachdem er mit Erfolg das Kreuz und den Kelch entwendet hatte, erhielt der Sergeant die Quittung dafür bei dem Versuch, den zweiten Kelch zu entwenden. Weiter unterstützt wurde diese Sicht auf die Dinge von Father Dominic, dem für die Katholiken in Canterton zuständigen Priester. Robert Melrose war Katholik, was sein Auftauchen in einer anglikanischen Kathedrale umso verdächtiger machte. Dass der sterbende Melrose noch »MASS« hingeschmiert hatte, deutete Father Dominic als Eingeständnis der Schuld und Bitte um Vergebung durch den Allmächtigen.

Holmes stimmte mit Blean darin überein, dass die allgemein kursierende Version des Geschehenen erst einmal einleuchtend erschien, doch manch wichtigen Umstand nicht erklären konnte. Wie war Melrose in die Kathedrale gelangt? Warum trug er einen Geldgürtel? Und was zum Teufel hatte er im Obergaden zu suchen, wo das Silber doch in der Schatzkammer neben der Krypta verwahrt wurde? Nach Meinung der Presse ließen sich diese Fragen nie mehr beantworten, weil die einzige Person, die es konnte, tot war.

Der Europakorrespondent des *New England Telegraph* war anderer Meinung.

Nachdem er sich im Hotel Bardolph neben dem Westtor der Stadt ein Zimmer genommen hatte, begab sich Holmes zum Kirchengelände und bat darum, den Küster sprechen zu können. Clarence Flipp erschien prompt. Sein anfänglicher Widerwillen dagegen, mit einem Zeitungskorrespondenten zu reden, löste sich in Luft auf, als Hoffenbach beiläufig fallen ließ, der Arbeitstitel seiner Geschichte über den gestürzten Sergeant laute »Wie konnte der Küster einen Dieb in die Kathedrale lassen?«.

Flipp, der auf Holmes viel zu rechtschaffen wirkte, um an den Melrose unterstellten Diebstählen beteiligt gewesen zu sein, gab allerhand interessante Informationen preis. Der Leichnam habe ganz gewiss nicht dagelegen, als er die Kirche am Sonntag nach der Abendandacht abschloss, und als er und die Polizei das Gebäude durchsuchten, hätten sie keinerlei Spuren eines Einbruchs gefunden.

Die einzigen Personen mit einem Schlüssel zur Kathedrale seien er selbst, der Dekan sowie zwei der Kanoniker. Einer der Letzteren sei der 89-jährige Kanonikus Collins, der sein Zimmer kaum mehr verlasse. Der andere, Kanonikus Adams, habe kürzlich geheiratet und befinde sich in Devon auf Hochzeitsreise.

Und der Dekan?, fragte Hoffenbach und leckte, ganz Journalist, an der Spitze seines Stiftes. Was konnte Mr Flipp ihm über Dekan Garfield-Wolkes erzählen?

Hochwürden Simon Arbuthnot Garfield-Wolkes, sagte der Küster, sei ein wahrhaft bemerkenswerter Mann. Spross einer hochmögenden Familie aus Herefordshire, sei er im Alter von zwanzig Jahren den Königlich-walisischen Füsilieren beigetreten und habe mit Auszeichnung an diversen Feldzügen teilgenommen. Sein letzter Einsatz im Aschanti-Krieg von 1873/74 habe ihn mit einem derart starken Widerwillen gegen alles Militärische erfüllt, dass er seinen Abschied nahm und sich der Kirche anschloss. Fortan, so habe er gesagt, werde er sich ganz in den Dienst des Friedens stellen, nicht des Krieges.

In seinem Umfeld war Garfield-Wolkes ein Mann mit enormer Ausstrahlung. Seine große, kraftvolle Gestalt, die man nie ohne einen breitkrempigen schwarzen Hut sah, war unverwechselbar. Und wenn er redete, hallten die alten Gemäuer wider vom Klang seiner gewaltigen Stimme. Sie hatte sich, wie er sagte, während seiner Zeit beim Militär herausgebildet.

Der Mann hatte jedoch auch eine andere Seite. Etliche Male hatte ihn der Küster allein in der Kathedrale angetroffen, wo er kniete und inbrünstig betete. Einmal hatte ihn Flipp aus Versehen gestört, und da war der Ex-Soldat, der für sein hitziges Gemüt bekannt war, in Rage geraten. Er hatte sich bald wieder abgeregt und entschuldigt; wenn er Gott um Vergebung der vielen grässlichen Sünden aus Kriegszeiten bitte, so hatte er gesagt, sei er stets ziemlich angespannt.

Holmes sah den respekteinflößenden Mann selbst in Aktion, als er am nächsten Tag zur Morgenandacht ging und ihn predigen hörte. Seine Predigt war eindrucksvoll und kraftstrotzend. Sie nahm nicht direkt Bezug auf den Tod von Sergeant Melrose, doch ihr Text aus dem 4. Buch Mose – »ihr werdet eurer Sünde innewerden, wenn sie euch finden wird« – ließ wenig Zweifel daran, worum es dem Dekan ging. Er beendete seine Worte, indem er theatralisch auf die Reste von Blut wies, die auf dem Boden des Querschiffs noch immer zu erkennen waren.

Am Nachmittag begleitete Holmes Mitglieder der Gemeinde, die zum Tee ins Wohnzimmer des Dekans geladen waren. Er hatte kaum Gelegenheit, mit dem Dekan selbst zu sprechen, doch er kam mit dessen Frau Susan Garfield-Wolkes ins Gespräch. Sie redete überraschend unverblümt, wahrscheinlich weil sie einen Amerikaner vor sich glaubte, jemand Gleichgesinnten, und sie gestand ihm, dass sie die Erfüllung ihrer gesellschaftlichen Pflichten »schrecklich öde« fände.

»Und wissen Sie was, Mr Offenbach«, fuhr sie fort, »man erwartet, dass ich das alles auch noch auf eigene Rechnung tue!«

Der Europakorrespondent des *New England Telegraph* überhörte, dass sie seinen Namen falsch ausgesprochen hatte, und fragte sie, was sie damit meine.

»Ach, er gibt das nicht gern zu, aber Simon hat selbst keinen müden Heller zur Verfügung. Ständig bittet er mich um Geld für irgendwelche hirnrissigen Maßnahmen.«

Holmes erfuhr auch, dass der Dekan am nächsten Morgen in London im Lambeth Palace sein werde, um mit dem Erzbischof über den Fall Melrose zu sprechen. Direkt nach Öffnung des örtlichen Telegrafenamts schickte Holmes eine Nachricht an Watson; er bat ihn, sich von 10.00 Uhr bis Mittag an die Victoria Station zu stellen und ihn zu informieren, wenn ein großgewachsener Herr im Gewand eines Geistlichen und mit großem schwarzem Hut einem der Züge aus Canterton entstieg.

Watson tat, wie ihm geheißen, und berichtete Holmes, er habe niemand entsprechenden gesehen. Er erhielt ein weiteres Telegramm, der Doktor möge bitte in Erfahrung bringen, ob ein Mann, auf den diese Beschreibung passte, an diesem Morgen am Bahnhof London Bridge gesehen worden sei. Um 16.25 Uhr telegrafierte Watson an Holmes, ja, ein Fahrkartenkontrolleur am Bahnhof London Bridge erinnere sich, einen großen Geistlichen mit schwarzem Hut gesehen zu haben.

Den Dienstag verbrachte Holmes in der örtlichen Bibliothek. In der *Times* und im *Daily Telegraph* las er Berichte über den dritten Aschanti-Krieg. Dann schrieb er selbst einen kurzen Bericht für den *New England Telegraph*. Die Überschrift lautete »Das Rätsel des gestürzten Sergeant«, der Text begann so:

Wenn ein Mensch tot auf dem Boden einer englischen Kathedrale aufgefunden wird, dann ist der Dekan dieser Kirche wohl die letzte Person, die in Verdacht geriete, hinter dem Ableben dieses armen

Kerls zu stecken. Und doch ist vergangene Woche in Canterton lei-
der genau dies geschehen.

Holmes überflog den Artikel noch einmal, steckte ihn in einen Umschlag, schrieb Hochwürden Simon Garfield-Wolkes als Adressaten
darauf und steckte ihn durch den Türschlitz des Dekanats.

Als Clarence Flipp am nächsten Morgen die Kathedrale auf-
schloss, sah er zu seinem Entsetzen auf den Steinfliesen des Querschiffes die Leiche des Dekans liegen. Er war vom Obergaden gestürzt und musste sofort tot gewesen sein. Neben ihm lag das
Manuskript eines Artikels für den *New England Telegraph.*

Was stand in diesem Artikel?

Das Rätsel der drei
beduselten Angestellten

Watson erzählt uns, dass etliche Opfer eines Verbrechens Sherlock Holmes aufsuchten, weil sie Angst hatten, zur Polizei zu gehen. Notizen zu einem entsprechenden Fall hielt der Doktor unter der Überschrift »Das Rätsel der drei beduselten Angestellten« fest – ein überraschend heiterer Titel für eine Geschichte rund um einen grausamen vorsätzlichen Doppelmord.

Eines Morgens eilte zu sehr früher Stunde ein 25-jähriger Anwaltsgehilfe namens Elijah Petrel voller Panik die Treppe in der Baker Street 221 b hoch und schlug wie besessen an die Tür des berühmten Detektivs. »Bitte, Sir«, flehte er, »lassen Sie mich hinein und retten Sie mich vor diesem mordenden Inder.«

Normalerweise nahm Holmes einen ihm so unkonventionell angetragenen Fall nicht an, doch er war neugierig geworden und bereit, sich Petrels Geschichte anzuhören.

Alles hatte damit begonnen, dass Petrel und seine zwei Kollegen Peter Dimble und Archie Falk aus derselben Kanzlei einen freien

Nachmittag dazu nutzten, in der Duke Tavern am Bahnhof Euston ausgiebig zu tafeln und dabei auch dem Alkohol zuzusprechen. Als sie nach der Mahlzeit die Straße entlangschlenderten, fiel den drei Junggesellen im Schaufenster eines Pfandleihers ein ungewöhnlich funkelnder Ring mit Rubinen und Diamanten auf. Alle drei wollten das Schmuckstück als Verlobungsring für die künftige Braut haben. Leider verfügte niemand über die 150 Pfund, die es kosten sollte.

Petrel, Dimble und Falk unterhielten sich lange auf einer Parkbank und beschlossen Folgendes: Jeder sollte 50 Pfund beisteuern – die konnten alle gerade noch aufbringen –, um den Ring gemeinsam zu erwerben. Man würde ihn sicher wegschließen, und wer als Erster die restlichen 100 Pfund zusammengespart hatte, würde die anderen ausbezahlen und der alleinige Besitzer des Rings sein.

Prompt kratzten die drei Männer all ihr Geld zusammen, kauften den Ring und händigten ihn ihrem Chef aus, der ihn im Tresor der Firma verwahren sollte.

Eine Woche später tranken die drei Angestellten gerade ein schnelles Feierabendbier im Iron Duke, da trat ein riesiger bärtiger Inder in traditionellem Gewand auf sie zu. Der imposante Fremde stellte sich ihnen als Amir Asaduddin Khan vor. Die »drei geschätzten Gentlemen« mögen ihm nachsehen, dass er sich ungebeten zu ihnen geselle, doch er glaube, dass sie unlängst bei einem örtlichen Pfandleiher einen Ring erstanden hätten. »Ich beschwöre Sie im Namen des Propheten«, sagte er flehend und sah sie aus großen, funkelnden Augen an, »verkaufen Sie mir diesen Ring!«

Die Angestellten waren verblüfft und ein bisschen erschrocken. Sie würden es sich überlegen, sagten sie, Mr Khan solle morgen Abend wieder herkommen, dann würden sie ihm sagen, wie sie entschieden hätten. Nachdem der Riese fort war, ging den Freunden auf, dass ihr Ring vermutlich weit mehr wert war, als sie für ihn bezahlt hatten. Sie wollten ihn also nicht verkaufen. Als Khan dies zur Antwort erhielt, wiederholte er seine Bitte, diesmal noch flehentlicher. Man blieb beim Nein.

Am nächsten Morgen erschien Archie Falk nicht zur Arbeit. Als er ein, zwei Tage fortgeblieben war, begann man nach ihm zu suchen, erfolglos. Archie Falk war verschwunden.

Elijah Petrel und Peter Dimble gingen nach der Arbeit weiterhin gemeinsam ins Iron Duke. Natürlich fragten sie sich, was wohl ihrem Freund Archie zugestoßen sei, und überlegten halb im Scherz, dass er ihrem hitzigen indischen Besucher zum Opfer gefallen war. Wie groß muss daher ihre Besorgnis gewesen sein, als Mr Khan erneut erschien.

»Haben Sie ein mitfühlendes Herz. Im Namen Allahs und allem, was mir heilig ist, flehe ich Sie noch einmal an, bitte verkaufen

Sie mir diesen Ring«, dröhnte er. Ob dabei jemand mithörte, war ihm gleich.

Wieder sagten die Angestellten, sie würden es sich überlegen, und sie lehnten die Bitte wiederum ab. Als Khan dies zum zweiten Mal hörte, so Petrel, hätten die langen Finger des Mannes eine jähe Bewegung gemacht, »als wollte er ein großes Messer zücken und uns die Kehlen durchschneiden«. Das Gesicht des Mannes, so der Angestellte weiter, »war wutverzerrt. Er redete gewandt daher, war aber wohl kein bisschen besser als irgend so ein Straßenräuber«.

Am nächsten Morgen erschien Peter Dimble nicht im Büro. Gegen Mittag entdeckte ein Bootsführer seine angespülte Leiche bei Greenwich am Ufer der Themse. Man hatte ihm die Kehle durchgeschnitten. In seinen Taschen befanden sich Münzen im Wert von zwei Shilling vier Pence, ein Bleistift, ein Taschentuch, sein Wohnungsschlüssel und das Etikett einer Bierflasche. Hier liege ein Mordfall vor, den eine oder mehrere Personen verübt hätten, erfuhr die Presse von der Polizei.

Elijah Petrel war der Einzige unter Peters Freunden und Verwandten, der zum möglichen Verdächtigen oder zum Motiv für den Mord etwas sagen konnte. Um der Polizei zu berichten, was er wusste, hatte er zu viel Angst, denn als er am Tag der Entdeckung von Peters Leiche nach Hause kam, lag eine Nachricht auf seiner Fußmatte, die jemand mit blauem Stift auf die Rückseite eines Bieretiketts geschrieben hatte. Sie lautete:

MORGEN NACHT UM DREI AN DER LONDON BRIGE. RING GEGEN GELD. BULLEN ODER FREUNDEN NICHS SAGEN, SONST STERM SIE WIE DIE ANDERN!!!

Nach einer schlaflosen Nacht in Todesangst war Petrel direkt zu Sherlock Holmes gegangen.

Der Detektiv las die Nachricht sorgsam und bat Petrel, beim Erzählen seiner Geschichte ganz besonders auf den genauen Wortlaut des von allen Beteiligten Gesagten zu achten. Daraufhin versicherte er dem Angestellten, sein Leben sei mit großer Gewissheit nicht in Gefahr, und machte sich auf zu dem Pfandleiher.

Holmes fragte den Mann hinter der Theke, ob ihn nach dem Verkauf des Rings an die drei Angestellten noch jemand auf diesen angesprochen habe. Und ob, erwiderte der Mann. Zwei Männer, die ihn haben wollten, seien im Laden gewesen, merkwürdigerweise beide zur gleichen Zeit. Der erste war der Mann, der ihn verpfändet hatte, ein struppiger alter Soldat mit rauen Umgangsformen, der seinen Namen mit Corporal Blanket angab. Als er hörte, dass die Frist zum Einlösen abgelaufen und der Ring bereits verkauft war, habe er einen Wutanfall bekommen und in der übelsten Weise geflucht und geschimpft.

In dem Moment habe ein zweiter Mann den Laden betreten und nach dem Ring gefragt. Blanket habe sich in eine Ecke verzogen und scheinbar in eine Auslage goldener Uhren vertieft.

Der Neuankömmling sei ein höflicher indischer Gentleman gewesen, der sich gut mitzuteilen wusste. Gleichwohl habe auch ihn die Auskunft, dass der Ring verkauft war, zutiefst erschüttert. Nachdem er sich wieder gefasst hatte, habe er gefragt, ob er erfahren dürfe, an wen das Stück gegangen sei. Der Pfandleiher sagte, er wisse die Namen der drei jungen Herren nicht, sie würden jedoch alle bei dem Rechtsanwalt ein Stück die Straße runter arbeiten, zwei Häuser hinter dem Iron Duke. Der Inder habe ihm gedankt und sei gegangen. Während dieser ganzen Zeit habe sich der alte Soldat nicht gerührt.

»Hat er mitgehört, was Sie und der Inder zueinander sagten?«, wollte Holmes wissen.

»Mit ziemlicher Sicherheit, Sir.«

»Und wie hat er reagiert?«

»Als der indische Gentleman ging, hatte sich Corporal Blanket wieder beruhigt. Er stand eine Weile da, starrte zu Boden und murmelte etwas vor sich hin, dann verließ er den Laden und ging in dieselbe Richtung wie der Inder davon.«

Holmes dankte dem Pfandleiher für seine Hilfe und kehrte nach Hause zurück. Dort stöberte er den restlichen Tag in seiner Mappe mit Zeitungsausschnitten, die sich um in den Britischen Übersee-Territorien begangene Verbrechen drehten. Nachdem er am nächsten Morgen gefrühstückt hatte, ging er zum Büro, in dem Elijah Petrel arbeitete, und bat, den Ring sehen zu können. Er betrachtete ihn gründlich, legte ihn zurück in den Tresor und begab sich zu Scotland Yard. Noch am Nachmittag wurde Corporal Gulliver Blanket, Veteran des siebzehnten Infanterieregiments, verhaftet und des Mordes an Peter Dimble und Archie Falk angeklagt.

Was hatte Holmes seinen Freunden von Scotland Yard erzählt, das zu Blankets Festnahme führte?

Das Abenteuer
von Old Dodson

D as war ja wohl die leichteste Ermittlung aller Zeiten«, sagte
Holmes nach Abschluss des »Abenteuers von Old Dodson«.
»Wieso der Beamte mich da hinzuziehen musste, begreife, wer will.
Himmel auch, Watson, selbst Sie hätten den Fall im Handumdre-
hen gelöst!«

»Old Dodson« war ein älterer und nicht allzu heller Kriminalbeamter bei Scotland Yard, der sich nur aufgrund großzügiger Spen-
den seiner Schwiegermutter an die Liberale Partei auf seinem Posten hielt. An den genannten Fall geriet Holmes, als der Beamte
eines Abends im Juli kurz nach 21.00 Uhr in der berühmten Baker
Street erschien. Schwitzend, schnaufend und sehr nervös entschuldigte er sich für die so späte Störung, er fürchte jedoch um seinen
Posten, sollte Holmes ihm nicht helfen.

Holmes gestand Watson später, er sei stark in Versuchung gewesen, ihm nicht zu helfen – Dodsons Entfernung aus dem Dienst
hätte den Kampf gegen das Verbrechen um entscheidende Schritte

vorangebracht. Holmes war jedoch ein Mann mit Anstand und brachte es nicht über sich, einen Kollegen in Not fallenzulassen. Mit einem tiefen Seufzer fand er sich in sein Schicksal und fragte Dodson, wo ihn denn der Schuh drücke.

Der Fall war ziemlich einfach. Es ging um den Mord an Miss Fanny Hogarth, einer jungen Dame aus Blackheath; an diesem Morgen hatte ihr Dienstmädchen sie um 7.00 Uhr mit durchgeschnittener Kehle vorgefunden. In ihrem Landhaus stieß die Polizei auf zwei interessante Objekte. Das eine war ein Schmuckkästchen, dessen Deckel aufgebrochen worden war, um den Inhalt zu entnehmen. Das zweite war ein Schwung Briefe, die Miss Hogarth einem gewissen Octavius Cannizzaro geschrieben hatte. In ihnen behauptete sie, ein Kind zu haben und dass Cannizzaro der Vater sei; das

Ganze war versuchte Erpressung: Wenn er ihr die versprochenen 1.000 Pfund nicht zahle, werde sie Vaterschaftsklage gegen ihn erheben.

Diese Indizien ließen, so Dodson, auf zwei mögliche Mordmotive schließen: Entweder war ein Dieb beim Stehlen von Miss Hogarths Schmuck auf frischer Tat ertappt worden und hatte sie im Affekt ermordet, oder Cannizzaro hatte seine Geliebte auf die kostengünstigste Weise zum Schweigen bringen wollen. Weitere Indizien sprachen dem Beamten zufolge eher für Letzteres.

Octavius Cannizzaro war Scotland Yard wohlbekannt – und Sherlock Holmes auch, wie sich zeigte. Er war eine zwielichtige Gestalt, die nie so lange an einem Ort blieb, dass die Polizei ihm irgendetwas nachweisen konnte. Man munkelte, er habe ein Haus und Familie in Luxemburg und mache enorm viel Geld im Waffen- und Opiumhandel.

Er reiste ohne Bedienstete, mietete sich tageweise in diskreten Privatunterkünften ein, wenn er in London war, und schien im Besitz mindestens dreier Pässe verschiedener Nationalitäten zu sein. Er hatte nur eine Schwäche, wenn man das so nennen konnte, nämlich die für gutes Essen. In den besten Restaurants der Hauptstadt kannte man ihn als exzellenten Weinkenner wie höchst spendablen Trinkgeldgeber.

Nachbarn berichteten, sie hätten einen Mann, auf den Cannizzaros Beschreibung passe, in den letzten Tagen wiederholt das Haus in Blackheath betreten und verlassen sehen. Da die Gestalt jedoch einen Hut trug und selbst bei größter Hitze bis oben zugeknöpft war, könne man unmöglich mit Gewissheit sagen, dass er es gewesen sei. Dieser Mann sei jedenfalls dabei beobachtet worden, wie er am Tag des Mordes um 6.30 Uhr das Landhaus verließ. Da Miss Hogarth bei ihrem Auffinden noch nicht länger als eine Stunde tot war, meinte Dodson fest davon ausgehen zu können, dass der mysteriöse männliche Besucher ihr Mörder war. Und alles deutete darauf hin, dass dieser Mann Cannizzaro war.

Dodson alarmierte die Kollegen, und um 19.30 Uhr sah ein Wachtmeister, wie Cannizzaro eine Privatunterkunft in Mayfair betrat. Dodson begab sich rasch vor Ort und stellte seinen Verdächtigen. Man ermittle wegen Mordes gegen ihn, erfuhr er. Wo er an diesem Morgen um 6.00 Uhr gewesen sei?

Mit höchst gleichgültiger Miene bat Cannizzaro den Beamten höflich, ihm nicht länger seine Zeit zu stehlen. Er habe noch Geschäftliches zu erledigen und müsse um 22.30 Uhr den Zug Richtung Kanalfähre ab Victoria Station erwischen. Morgen würden ihn Vertreter der französischen Regierung in Paris zu einer Unterredung erwarten.

Dodson blieb beharrlich: Wo Cannizzaro am Morgen um 6.00 Uhr gewesen sei? Der Geschäftsmann schaute ihn verärgert an, holte sein Notizbuch hervor und entnahm ihm ein Blatt Papier.

»Und hier ist es«, sagte Dodson, als er eine zerknitterte Rechnung aus der Tasche zog. »Das perfekte Alibi. Der verdammte Kerl war sogar noch so dreist zu sagen, er brauche das Dokument nicht mehr, ich könne es behalten.«

Dodson reichte Holmes den Zettel. Oben stand gedruckt »Royal Buckingham Hotel«, darunter in schwungvoller Handschrift neben dem aktuellen Datum »Von Mr Octavius Cannizzaro um halb sieben dankend erhalten: £1 2s 6d für Frühstück.« Unterschrieben war es »Delius Graftule, Kellner«.

Holmes las die Rechnung gründlich und sprang auf.

»Kommen Sie, Dodson«, rief er. »Wenn wir uns beeilen, schaffen wir es noch zum Royal Buckingham und dann zur Victoria Station, bevor der Ganove in den Zug steigt. Diese Gelegenheit bekommen wir nicht wieder. Na los!«, sagte er noch, zur Tür hinausstürmend. »Ihr Posten hängt davon ab!«

Was hatte Holmes erspäht, das Dodson entgangen war?

Der Fall der blinzelnden Dame

Schaut man sich Watsons Aufzeichnungen an, so stellt man fest, dass sein Freund der Detektiv ziemlich viele Fälle gelöst hat, ohne dazu auch nur einen Fuß vor die Tür von Baker Street 221 b setzen zu müssen. Derlei Fälle hat der Doktor nicht erzählerisch ausgearbeitet, da Geschichten mit mehr Handlung und voller Konflikte eher nach dem Geschmack seiner Leser waren. Gleichwohl sind ein paar dieser Sessel-Probleme so ungewöhnlich und geben so gute Einblicke in Holmes' außergewöhnliche Kombinationsgabe, dass es eine Schande wäre, sie dem Leser von heute ganz vorzuenthalten.

»Der Fall der blinzelnden Dame« bietet sich da besonders an.

Am 14. August 1889 bekam Holmes die Visitenkarte von Mrs Albert Latchcombe überreicht, und da er an diesem schwülen Sommernachmittag nichts Besseres zu tun hatte, bat er Mrs Hudson, die Dame vorzulassen. Ein nicht eben leichtfüßiges Stapfen von der Treppe her ging dem Erscheinen einer stämmigen Frau im Korsett voraus, die um die vierzig Jahre alt sein mochte. Die Notizen des Doktors, in denen die Wörter »grimmig«, »hochnäsig« und »zerstreut« unterstrichen waren, zeugen davon, dass das Gebaren der Besucherin ebenso plump war wie ihre Erscheinung. Watson, der sich von der feinen Beobachtungsgabe seines Freundes etwas abgeschaut hatte, schreibt, die Dame habe kleine Vertiefungen zu beiden Seiten der Nase gehabt, was darauf hindeutete, dass sie »gemeinhin eine Brille zu tragen pflegt«.

Nachdem sie den Raum betreten hatte, blinzelte sie abschätzig im Junggesellenzimmer umher, blinzelte in Holmes' Richtung, blinzelte dann Watson an, trat zu ihm und richtete das Wort an ihn: »Mr Sherlock Holmes.« Als man sie korrigierte, sagte sie nichts zur Entschuldigung, streckte nur die Hand nach einem Sessel aus, ließ sich schwer hineinfallen und begann auf Holmes' Einladung hin ihre Geschichte zu erzählen.

Vor zehn Jahren habe sie Albert Latchcombe kennengelernt und geheiratet, einen 25 Jahre alten Leutnant der Indischen Armee auf längerem Heimaturlaub. Sie reichte Holmes die Fotografie eines feschen jungen Mannes in der Uniform der Bengalischen Lanzenreiter. »Es war kein Hexenwerk«, so äußerte Holmes in seinen Aufzeichnungen, »zu erkennen, was die beiden jeweils mit in die Beziehung einbrachten.« Sie das Geld, er das Aussehen.

Mrs Latchcombe erzählte, dass sie beinahe umgehend schwanger wurde und in England geblieben sei, wo das Kind sicher und geborgen zur Welt kommen konnte, während ihr Gatte nach Indien zurückkehrte. Als einziges Kind reicher Eltern, die schon gestorben waren, hatte sie Geld genug. Ihr Kind – ein Junge, der nach seinem Vater Albert hieß – wurde in einem ehrbaren Entbindungsheim geboren, dann zog sie mit ihm in ein sehr schönes einstöckiges Landhaus mit Blick über die Hügel von Sussex, das sie gekauft hatte. Dort wartete sie auf die Briefe ihres Mannes und die erhoffte Fahrkarte nach Indien.

Ob sie auch eine Fotografie vom Jungen habe, fragte Holmes. Nachdem sie eine Weile in ihrer Handtasche herumgewühlt hatte, gestand sie, sie habe vergessen, eine mitzubringen. Der Detektiv nickte und warf Watson einen vielsagenden Blick zu.

Mrs Latchcombe sagte, zunächst habe ihr Mann ihr regelmäßig geschrieben. Nach einer Weile jedoch sei der Strom seiner Briefe zu einem Rinnsal verkümmert, und die Fahrkarte blieb ganz aus. Anfangs, so führte Mrs Latchcombe aus, habe sich ihr inzwischen zum Captain beförderter Gatte für sein Versäumnis, Frau und Kind eine Schiffspassage zu beschaffen, entschuldigt, doch nach einem Jahr kam er nie wieder darauf zu sprechen.

Aus einem Jahr wurden zwei, dann drei, dann vier Jahre. Im fünften Jahr versiegten die Briefe aus Indien ganz. Ihren eigenen, von Watson überlieferten Worten zufolge habe sie »sich nach ihm gesehnt und verzehrt, bis sie ganz dahinzuwelken drohte«. Den Anblick ihres Sohns, »der seinem Vater so schrecklich ähnlich sieht«, habe sie nicht mehr ertragen können und das Kind deshalb auf ein anständiges Internat geschickt, wo es sich auch jetzt gerade befinde.

»Stellen Sie sich vor, was für einen Schreck ich bekam«, fuhr die Dame fort, »als mein Mann letzte Woche unangekündigt auf meiner Türschwelle stand.« Er sei nur zwei Tage geblieben – lang genug, sagte sie mit spitzem Mund, um sich umfassend ins Bild zu setzen. Zunächst habe er unruhig gewirkt. Dann, am Abend des zweiten Tages, habe er verkündet, dass es aus sei mit ihrer Ehe. Er habe sich in eine Inderin verliebt, mit der als Ehefrau er in Bangalore lebe. Zum Schluss, so Mrs Latchcombe, habe Albert, bevor er das Haus verließ, noch die »unverfrorene Dreistigkeit« besessen, seinen im Ehevertrag vereinbarten Anteil zu fordern, da »man mit einem mageren Offiziersgehalt nur schwer über die Runden kommt«.

»Ich habe mir die Augen aus dem Kopf geweint«, gestand Mrs Latchcombe – ihr »Herz sei zersprungen wie eine geknackte Walnuss«. Sie habe sich geweigert, ihm auch nur einen Penny zu geben.

Beim Verlassen des Hauses habe Captain Latchcombe ihr noch einen Blick zugeworfen, aus dem seiner Frau zufolge sprach, dass er »wiederkommt, um Rache zu nehmen«.

Ihr Gefühl, so fuhr sie fort, habe sie nicht getäuscht. Am nächsten Abend sei sie eben aus dem Badezimmer getreten (sie nehme stets ein Bad vor dem Essen), nur in Bademantel und mit »über Gesicht und Schultern nass herabhängendem Haar«, da habe sie ein Geräusch aus dem Wohnzimmer gehört. Vom Flur aus habe sie einen Mann gesehen – zweifellos Captain Latchcombe –, der die oberen Schubladen ihres Schreibtisch durchwühlte. Dort bewahre sie ihren Ehering und anderen wertvollen Brautschmuck auf, um sie stets vor sich zu haben, wenn sie Briefe nach Indien schrieb.

Und jetzt war dieser Mann, ihr eigener Gatte, so schamlos, sie zu bestehlen. Sie habe aufgeschrien und sei durch den Flur auf ihn zu-

gelaufen. In der Zeit jedoch, die sie für die vielleicht sieben Meter
zur Wohnzimmertür brauchte, habe der Captain seine Beute zu-
sammengerafft und sei bereits durch die Verandatür auf der anderen Seite des Raums gewesen. Sie habe ihn ein letztes Mal gesehen,
wie er über den Rasen flüchtete, eine baumelnde Halskette in der
rechten Hand und die linke Hand zur Faust geballt, in der sich, wie
sie später feststellte, zwei Ringe und eine Smaragdbrosche befanden.

Nach Abschluss dieser ungewöhnlichen Geschichte stellte Holmes zwei Fragen. Erstens, hatte Mrs Latchcombe die Polizei be-
nachrichtigt? Nein, das habe sie nicht. Sie habe nicht zum Mittelpunkt eines Skandals werden wollen. Sie werde lieber Holmes jede

verlangte Summe bezahlen, wenn er ihren treulosen Ehemann ausfindig mache. Wenn ihm das gelungen sei, möge der Detektiv ihm sagen, er solle sich »von dem grotesken Gedanken verabschieden, mit einer Inderin in Sünde leben zu können«, seiner Frau den Schmuck aushändigen und wieder »wie ein anständiger Christ« mit ihr zusammenleben, wenn er denn dem Gefängnis entgehen wolle.

Holmes' zweite Frage betraf eine sachliche Information. Wie groß denn ihr Wohnzimmer sei? Mrs Latchcombe blinzelte ihn noch heftiger an als bis dahin und erwiderte, es sei »recht groß, zwölf Meter vielleicht vom Flur bis zur Veranda«.

Auf diese Antwort hin seufzte Holmes, lehnte sich in seinem Sessel zurück und sagte seiner Besucherin, er könne ihr leider nicht behilflich sein.

»Wieso denn das nicht?«, rief sie aus. »Also, Mr Holmes, Sie sind gar nicht der, als den die Leute Sie beschreiben. Sie sind ein Schwindler.«

»Das sind sehr harte Worte, Madam«, erwiderte Holmes eisig. »Aber ich fürchte, sie treffen viel eher auf Sie selbst zu. Klienten, die mir nicht die Wahrheit sagen, kann ich nicht helfen.«

Welche Gründe hatte Holmes für dieses Urteil?

Ein Fall
von Wissenslücke

In »Eine Studie in Scharlachrot« listet Watson auf, was er die »Grenzen« im Wissen von Sherlock Holmes nennt:

1. Kenntnisse in Literatur: keine
2. Philosophie: keine
3. Astronomie: keine
4. Politik: wenig
5. Botanik: kommt darauf an

In späteren Geschichten, insbesondere »Ein Skandal in Böhmen« und »Die Löwenmähne«, widerspricht sich Watson selbst, denn dort erweist sich Holmes als weit belesener als gedacht. Gleichwohl hat sein literarisches Wissen Grenzen, und diese haben sich nirgendwo deutlicher gezeigt als in einem Fall, der seinerzeit als »Die Liebenden von Litchburn« bekannt war. Darin ging es um Minnie Dean aus dem Dorf Litchburn in Oxfordshire und ihren Verlobten

Ernest Hardman. Die Geschichte dieses Falles haben wir aus Watsons Aufzeichnungen und den Berichten über Minnies Prozess in der *Oxford Times* zusammengesetzt.

Minnies junge Jahre waren getrübt durch Schicksalsschläge und Freudlosigkeit. Ihr Vater, der Dorflehrer, starb, als sie sechzehn Jahre alt war, danach musste sie sich um ihre bettlägerige Mutter und drei jüngere Geschwister kümmern. Das Geld war äußerst knapp, und dies machte sich Maxwell Naysmith-Jones zunutze, der 25-jährigen Sohn des örtlichen Gutsherrn.

Behutsam gewann Naysmith-Jones mit einer Mischung aus Schmeichelei und Bestechung Minnies Vertrauen. Er machte dem schönen Mädchen Geschenke und versprach noch mehr – dass sie eines Tages womöglich heiraten würden. Das Unvermeidliche geschah. Wie viele im Dorf befürchtet hatten, wurde Minnie schwanger, und Naysmith-Jones, der jede Verantwortung von sich wies, ging nach Jamaika auf die Plantagen seiner Familie. Als ihr Kind fünf Tage nach der Geburt starb, war Minnies Kummer unermesslich.

Zwei Jahre vergingen. In dieser Zeit starb Minnies Mutter, und zwei ihrer Geschwister verließen sie, um eigene Wege zu gehen. Neue Freude kam in Minnies Leben, als Ernest Hardman, ein ehemaliger Schüler ihres Vaters und Absolvent der Universität Oxford, heimkehrte, um im benachbarten Bicester als Anwalt zu arbeiten. Das junge Paar war bald eng befreundet und wurde häufig bei gemeinsamen Spaziergängen gesehen.

Sie hatten viele Gemeinsamkeiten. Beide galten als besonders attraktiv, und beide liebten die schöne Landschaft und die Literatur, für die Minnies belesener Vater sie begeistert hatte. Dieselben trat-

schenden Nachbarn, die sich über ihr Verhältnis mit Naysmith-Jones mokiert hatten, raunten jetzt von Hochzeitsglocken.

Zu diesem Zeitpunkt kehrte Naysmith-Jones aus der Karibik zurück. Weil Minnie ihn nicht eines Blickes würdigte, begann er unerhörte Gerüchte über »das kleine Luder« zu streuen. An die Bar im Red Lion gelehnt, redete er vor allen, die ihm zuhören mochten, schlecht über Minnie. Er verspritzte mehr und mehr Gift, bis er schließlich den Verdacht äußerte – »nur so ein Verdacht, ja?« –, dass Minnie ihr Kind umgebracht hatte – »aus Heimtücke, weil ich fortgerufen wurde, bevor ich sie zur ehrbaren Frau machen konnte«.

Als Minnie in ihrer Verzweiflung überlegte, wegen übler Nachrede gerichtlich gegen Naysmith-Jones vorzugehen, schloss Ernest dies mit Hinweis auf die Kosten aus; ihm war sehr bewusst, dass Minnies Quälgeist in seine Behauptungen stets ein gewieftes »möglicherweise« oder »wie man hört« einschob. Dem Strom boshafter Unterstellungen schutzlos ausgeliefert, wurde Minnie immer trübsinniger. Selbst als Ernest ihr einen Heiratsantrag machte, den sie überglücklich annahm, konnte dies die dunklen Wolken für kaum mehr als ein paar Tage vertreiben.

Dann wurde eines kühlen Sonntagmorgens Maxwell Naysmith-Jones am Fuß des Steinbruchs von Pilcock tot aufgefunden. Er war vom Grubenrand dreißig Meter in die Tiefe gestürzt und hatte sich das Genick gebrochen. Die Polizei hielt dies für einen Unfalltod, doch die Eltern des Verstorbenen sahen das anders und ließen Sherlock Holmes ermitteln.

Holmes förderte zahlreiche Anhaltspunkte zutage. Obwohl keiner so recht Licht auf Naysmith-Jones warf, ließen die entscheidenden Punkte annehmen, dass hier ein Unfall geschehen war. Er hatte am Abend vor seinem Tod viel getrunken und war dann kurz vor Mitternacht aus dem Red Lion getorkelt. Etliche Augenzeugen, die sein Schreien und Fluchen aus dem Schlaf gerissen hatte, sahen, wie er auf die Tür von Minnies Häuschen einschlug und Einlass verlangte. Sie machte ihm schließlich auf, und der betrunkene Mann verschwand im Innern.

Joshua Plow von gegenüber bezeugte, dass die Haustür fünfzehn Minuten später wieder geöffnet wurde und Minnie und Naysmith-Jones Hand in Hand heraustraten. Sie schien ihm, wie Joshua sagte, »herzlich zugetan«. Sie gingen um das Haus herum in Richtung des

Steinbruchs fort. Das war um 0.15 Uhr, wie sich am Läuten der Kirchturmuhr festmachen ließ.

Als Nächstes sah Joshua, wie Ernest Hardman auf Minnies Häuschen zulief. Ein Freund hatte ihn vor Naysmith-Jones' Eskapaden gewarnt, jetzt wollte er rasch nachsehen, ob seiner Verlobten etwas zugestoßen war. Joshua zufolge trat Hardman ins Haus, rief ihren Namen und zündete eine Kerze an, um die Zimmer abzusuchen. Nach einer Weile trat er wieder vor die Tür und sah, dass Minnie allein zurückkehrte. Das Paar fiel sich in die Arme und stand noch einen Moment redend da, bevor es gemeinsam ins Haus ging. Sie trafen kurz nach 0.45 Uhr aufeinander, sagte Joshua, eine Zeitangabe, die er wiederum am Glockenschlag festmachte.

Minnie und Naysmith-Jones hatten das Haus gemeinsam verlassen, eine halbe Stunde später kehrte sie allein zurück – was war in der Zwischenzeit geschehen? Sie sagte, statt sich mit dem wütenden Säufer einen Kampf zu liefern, den sie unweigerlich verloren hätte, habe sie sich dafür entschieden, ihn ganz lieb zu einem Spaziergang zu überreden. Sie habe gehofft, die frische Abendluft werde ihn so weit zur Besinnung kommen lassen, dass er sein falsches Tun einsah und von ihr abließ. Als dies nicht geschah, sei sie vor ihm in die Dunkelheit entwischt und heimgeeilt. In die Nähe des Steinbruchs sei sie nicht gekommen.

Heimgeeilt?, fragte Holmes, als er mit ihr sprach. Sie dachte kurz nach, dann sagte sie, jetzt falle ihr wieder ein, dass sie erst noch ein bisschen umhergestreift sei, um ihre Gedanken zu sortieren, bevor sie zu ihrem Haus zurückkehrte, wo Ernest auf sie wartete.

An diesem Tag war Holmes bereits langsam von der Haustür bis zum Rand des Steinbruchs gegangen. Für die Strecke hin und zurück hatte er knapp eine halbe Stunde gebraucht, genau die Zeit, die Minnie in der Nacht des Unfalls fortgewesen war.

Eines wollte Holmes noch wissen. Beim Absuchen des Steinbruchs habe er ganz in der Nähe des Fundortes der Leiche zwischen den Steinen ein Haarkämmchen gefunden. Ob Minnie ein solches Kämmchen verloren habe?

Sie wurde rot und sagte, ja, das habe sie.

Ob sie erklären könne, wie es seinen Weg in den Steinbruch gefunden habe, wenn sie doch gar nicht in dessen Nähe gelangt sei?

Sie könne sich nur vorstellen, dass Naysmith-Jones es ihr bei einer der vielen Handgreiflichkeiten dieser Nacht vom Kopf gerissen und behalten habe – vielleicht, damit es ihn stets an sein schlechtes Verhalten erinnere.

Oder, da er vom Alkohol so sehr benebelt war, meinte Holmes, könne er es da nicht zu fassen bekommen haben, als sie ihn in Richtung Grubenrand zerrte und hinunterstieß?

Nein! Bewahre! So etwas könne sie niemals über sich bringen. Wie sie bereits gesagt habe, sei sie nicht in die Nähe des Steinbruchs gekommen.

Holmes hatte Minnie in ihrem Haus verhört. Beim Verlassen begegnete er am Gartentor ihrem Verlobten. Die beiden Männer grüßten einander kurz und gingen weiter. Während Ernest Hardman über den Gartenweg auf das Haus zuging, kniete sich Sherlock Holmes hinter der Hecke zur Straße hin, wie um einen Schnürsenkel zu richten. Er wollte hören, wie das Paar einander begrüßte.

»Nun, mein Schatz«, hörte er Ernest sagen, als Minnie ihm die Eingangstür öffnete. »Ich will doch hoffen, dass Tess von den Litchburnes keinen Stonehenge-Moment erlebt.«

»Nein, mein Hardy«, sagte sie lachend. »So leicht wie Old Toms Mädchen lass ich mich nicht angeln, ha ha!«

Danach gingen sie hinein, und Holmes hörte nichts mehr. Er dachte eine Weile über das Gesagte nach und tat es dann als jene Art von Geschäker ab, in dem Liebende gelegentlich miteinander zu reden pflegen – so hieß es jedenfalls. Unmittelbar persönliche Erfahrung mit derlei Tändelei hatte er nicht.

Auf Grundlage der von Holmes ermittelten Indizien musste sich Minnie Dean vor dem Oxford Crown Court des Mordes an Maxwell Naysmith-Jones verantworten. Von Beginn an stellte sich die *Oxford Times* auf die Seite der »hübschen jungen Frau, die ihr Leben lang von einem Trunkenbold schikaniert und ausgenutzt worden war«, und das Blatt machte deutlich, wie die Jury seiner Meinung nach richten sollte. Nach zwölf Stunden hitziger Beratung fiel die Entscheidung wie erwartet – Minnie Dean wurde vom Vorwurf des Mordes an Maxwell Naysmith-Jones freigesprochen.

Holmes überraschte dieses Urteil nicht, wenngleich es seiner Überzeugung nach falsch war. »Es ist so gar nicht meine Art, Watson«, gestand er, »aber ich bin mir sicher, dass ich irgendein entscheidendes Indiz übersehen habe. Wenn ich bloß wüsste, was es ist.«

Damit lag er richtig. Er hatte ein entscheidendes Indiz übersehen, das die Jury durchaus zu einem Schuldspruch hätte gelangen lassen, hätte sie Kenntnis von ihm gehabt.

Und zwar welches?

Das Geheimnis des Chirurgen

Wie wir im »Fall der blinzelnden Dame« gesehen haben, löste Holmes Rätsel, die ihm gestellt wurden, am liebsten so rasch wie möglich. Die hier folgende, aus Watsons Aufzeichnungen rekonstruierte Geschichte ist ein weiteres Beispiel für ein Problem, zu dessen Lösung der große Detektiv keinen Schritt aus der Baker Street tun musste.

Eines Tages zu Beginn des zwanzigsten Jahrhunderts stand Lord Edward Frogmore, ein sehr reicher junger Baron, vor Holmes' Wohnungstür. Er hatte ein bisschen Angst, ihm etwas anzuvertrauen, das er als »sehr persönliche Sache« bezeichnete. Holmes sagte, er sei kein Priester, werde gegen ein Honorar von 500 Pfund jedoch sein Bestes tun. Der Adlige stellte sofort einen Scheck über diese Summe aus und legte ihn auf den Tisch zwischen sich und Holmes.

Seine Lordschaft führte aus – und es habe ja auch in den Zeitungen gestanden –, dass er mit Agnes Axelson verlobt sei, der 21-jährigen Tochter von Roald Axelson, einem erfolgreichen amerikanischen Hersteller von Dampflokomotiven. Das junge Paar war sich begegnet, während sie mit ihrem Vater quer durch Europa reiste.

Ihre Mutter, die zu Hause geblieben war, um »dringende Termine« wahrzunehmen, sollte rechtzeitig vor der Hochzeit in Southampton eintreffen, die etwas später im Jahr bei Lord Frogmores Vater, dem Duke of Sussex, stattfinden solle.

Lord Edward liebte seine Verlobte innig und hatte allen Grund anzunehmen, dass sie seine Gefühle in gleicher Weise erwiderte. Man stelle sich daher sein Entsetzen vor, als er einmal zufällig auf das Löschpapier schaute, das sie beim Briefeschreiben benutzte, und dort Folgendes eingeprägt sah:

remmi hcid edrew …
… nebeil nezreH mezem nov

Der aufgeweckte junge Mann las die Zeilen sogleich rückwärts:

… werde dich immer
von ganzem Herzen lieben …

Er widerstand der Versuchung, Agnes sofort zur Rede zu stellen. Erst als sie allein waren, fragte er sie so beiläufig wie möglich, wem sie denn da geschrieben habe.

Als sie fröhlich lachend erwiderte: »Ach, nur eine kurze Nachricht an meinen Chirurgen« und rasch das Thema wechselte, war im Adligen der Argwohn geweckt. Er wusste wenig über das Vorleben seiner Verlobten, aber ihm war doch bekannt, dass sie zehn Monate zuvor, noch in den Vereinigten Staaten, heftig unter »weiblichen« Beschwerden gelitten hatte, die ein Chirurg vollständig hatte beheben können.

Als er seinerzeit von diesem heiklen Thema erfuhr, hatte ihn das nicht weiter beschäftigt. Aber jetzt … Natürlich! Agnes war in den schneidigen jungen Chirurgen verliebt, der dieses schmerzhafte Leiden behandelt hatte. Mehr noch, da hier offenkundig ein gynäkologischer Eingriff stattgefunden hatte, musste er sie denkbar gründlich untersucht haben. Der Gedanke befeuerte die lebhafte Fantasie seiner Lordschaft, die ihm wollüstige Bilder von Agnes und ihrem Chirurgen vor Augen stellte. Die Verbindung erklärte auch, warum Agnes in Europa war: Ihr Vater musste sie missbilligt haben und brachte die Tochter über den Atlantik, um sie ihrem Verführer zu entziehen. Doch der Plan war nicht aufgegangen, oder? Sie

würde ihren Chirurgen immer lieben, dort stand es schwarz auf weiß.

Wenn er die Verlobung auflöste, würde er sich zum Gespött der Leute machen und sich und seiner Familie Schande bereiten, schloss Lord Frogmore. Doch blieb ihm eine andere Wahl?

Während der Adlige redete, hatte Holmes nach einer Mappe mit Zeitungsausschnitten gegriffen und einen Artikel mit der Überschrift »Mit Skalpell und Strumpfband: Moderne Medizin in Amerika« aufgeschlagen. Der Ausschnitt lag noch vor ihm, als sein Klient zu Ende erzählt hatte.

»Würden Sie mir den Namen Ihrer Verlobten bitte noch einmal sagen, Sir?«, bat er, den Finger auf einer Zeile des Artikels.

»Miss Agnes Axelson.«

»Und wie wird der Nachname buchstabiert?«

»A X E L S O N.«

»In diesem Fall«, sagte Holmes, stand auf und stellte die Mappe zurück ins Regal, »kann ich Ihnen genau sagen, was Sie tun sollten.« Er trat zurück an den Tisch und nahm den auf seinen Namen ausgestellten Scheck an sich.

Lord Frogmore beugte sich ängstlich vor. »Und das wäre, Mr Holmes?«

»Leben Sie genauso weiter wie vor dem dummen Zwischenfall mit dem Löschpapier. Von dem Chirurgen haben Sie nichts zu befürchten, das kann ich Ihnen versichern.«

Wie konnte Holmes das so genau wissen?

Das Fernsprechämter-Rätsel

In einem der letzten Fälle aus Watsons Aufzeichnungen ging es um den Gebrauch – oder Missbrauch – des sich rasend schnell ausbreitenden Telefonnetzes in kriminellen Kreisen. Im Mittelpunkt stand eine Serie von dreisten Banküberfällen im und am Londoner Highgate Archway im Sommer des Jahres 1911.

Am helllichten Tag stürmten drei maskierte Männer mit schweren Pistolen in Filialen der Banken National Provincial und Lloyds. Zum Entsetzen von Angestellten und Kunden schossen sie zunächst wild um sich, wobei sie im einen Fall einen Kunden erschossen, im anderen einen Schalterbeamten schwer verletzten, dann drohte die Bande damit, alle Anwesenden zu erschießen, sollte man ihr nicht »alles Geld, das da ist« aushändigen. Jedes Mal erbeuteten die Räuber über 10.000 Pfund, die sie in eine große lederne Reisetasche stopften.

Die Londoner Polizei klapperte die Unterwelt vergeblich nach Informationen ab, die zu den Tätern führen konnten – wer unter normalen Umständen gegen eine Belohnung ganz gern mal etwas preisgab, schwieg hier beharrlich aus Angst vor Vergeltung. Wer immer zur »Archway-Gang« gehörte, wie die Presse sie nannte, war zweifelsohne vollkommen skrupellos.

Durch das beherzte Eingreifen eines Passanten endete die Überfallserie schließlich. Der Mann hatte am Eingang einer Lloyds-Filiale gestanden, als die Räuber mit ihrer Beute herausgestürmt kamen, und dem Letzten von ihnen nach der Maskierung gegriffen. Das umgebundene rote Taschentuch löste sich und gab das unverkennbare Gesicht von Jo Yendle preis, einem Berufsverbrecher, der wegen Raubes bereits zwei Mal im Gefängnis gesessen hatte. Der Schurke schlug den Angreifer mit seiner Pistole nieder. Er hätte ihn vermutlich getötet, hätte sich nicht die Menschenmenge zusammengetan und Yendle auf den Bürgersteig gedrängt, wo sie ihn bis zum Eintreffen der Polizei in Schach hielt. Da waren die beiden anderen Mitglieder der Bande bereits in einem gestohlenen Auto geflüchtet.

Yendle wurde des Mordes sowie weiterer Delikte beschuldigt und weigerte sich dennoch, die Namen seiner beiden Komplizen preiszugeben. Bei der Festnahme hatte man nur ein einziges interessantes Objekt bei ihm gefunden, ein Notizbuch. Es enthielt allerhand Angaben und hingekritzelte Notizen, die nachweislich von Yendles Hand stammten. Eine Seite weckte besondere Neugierde. Unter der Überschrift »Abmachung« stand eine Liste von Telefonnummern mitsamt Prozentangaben darunter:

HAMPSTEAD	847
ABBEY	758
MOORGATE	212
PADDINGTON	885
DILIGENCE	001
EDGWARE	666
NATIONAL	992
= 30%	= 15%

Als die Polizei eine Telefonistin bat, sie mit diesen Nummern zu verbinden, stellte sich heraus, dass die jeweilige Nummer entweder nicht existierte oder ein krimineller Hintergrund des entsprechenden Teilnehmers auszuschließen war.

Die mit dem Fall befassten Ermittler brachten das Notizbuch schließlich zu Sherlock Holmes in der Hoffnung, er käme hinter die Bedeutung der Zahlen. Zwanzig Minuten später hatte er die Namen der beiden Mittäter der Archway-Gang entschlüsselt.

Wie lauten sie?

LÖSUNGEN

Die Lösungen

Das Rätsel von Baron Galtür

In seinem Brief an Baron Galtürs Wiener Anwalt gab Holmes folgende Hinweise:

1. Man möge die Größe der vom Baron und den beiden Wespenstichs getragenen Schuhe überprüfen; Holmes vermutete, dass sie entweder exakt gleich groß seien oder die von Georg etwas kleiner als die der beiden anderen Männer. Damit hätte Georg auch deren Schuhe tragen können.

2. Der Polizist vor Ort, der Gastwirt und die ermittelnden Beamten sollten gefragt werden, ob sie irgendwann während der fünf Frosttage nach der Mordnacht den Dachvorsprung am Gasthaus in Augenschein genommen hatten. War ihnen aufgefallen, ob in der Nähe von Egmonts Zimmer ein großer Eiszapfen abgebrochen war? Falls ja, dann sei ein solcher die Mordwaffe und nicht das Bajonett aus dem Rittersaal.

3. Georg von Wespenstich solle nach Möglichkeit noch einmal befragt oder das Protokoll seines Verhörs durch den Beamten noch einmal sehr gründlich studiert werden. Egmont hatte behauptet, sein Bruder sei mehr in Elisabeth verliebt als er selbst – wie würde ein so ernster, leidenschaftlicher junger Mann reagieren, wenn er erfährt, dass seine Geliebte von einem herzlosen Schür-

zenjäger verführt worden war, selbst wenn dieser Schürzenjäger sein eigener Bruder war?

4. Man informiere sich beim Gastwirt und seinen Mitarbeitern über das Verhältnis der beiden Wespenstich-Brüder. Hatten sie sich immer bestens verstanden? Hatten sie sich gestritten? Falls ja, worüber?

Nachdem er Holmes' Rat befolgt hatte, konnte der Wiener Anwalt dem Gericht eine andere Auslegung der Ereignisse in der Mordnacht liefern, die höchst plausibel war. Georg von Wespenstich erfuhr vom Umgang seines Bruders mit der von ihm so sittsam angebeteten Elisabeth, was Zorn und Eifersucht in ihm aufwallen ließ. Als er den Baron sagen hörte, er wolle Egmont umbringen, bestimmte er sich selbst zu dieser Tat, um Buße zu tun für die Schlechtigkeit seines Bruders und um den letzten Rest der Ehre seiner Geliebten zu retten. Sein Plan sah vor, Elisabeth selbst zu heiraten und für das Kind unter ihrem Herzen zu sorgen, wäre Egmont erst einmal aus dem Weg geräumt und der Baron am Galgen gehängt oder lebenslänglich hinter Gittern.

Der erste Schritt dahin war, Egmont zu ermorden.

Georg hatte seinem Bruder einen großen Eiszapfen in den Hals gerammt, den er sich draußen vor dem Fenster des jungen Mannes verschafft hatte. Ein Hieb genügte, danach hielt er die Waffe vor das Feuer im Kamin. Dort schmolz sie und löschte dadurch die Flamme.

Als Zweites musste der Verdacht auf den Baron gelenkt werden. Dazu brachte Georg den Schlüssel aus Egmonts Tasche ins Schloss, und zwar in den Schuhen seines Bruders, in denen er durch den frischen Schnee bis zum Dienstboteneingang ging. Dort verschaffte er sich Zutritt, entledigte sich der Schuhe seines Bruders und zog ein Paar Schuhe des Barons an, die vor der Tür darauf warteten, geputzt zu werden. Nachdem er eines der im Rittersaal hängenden Bajonette abgewischt hatte, verließ Georg das Schloss durch das Hauptportal, ging hinüber zum Gasthof und kehrte dann zum Schloss zurück. Deutliche Fußabdrücke schienen nun der Beleg dafür, dass der Baron zum Gasthof und zurück gegangen war.

Jetzt musste Georg nur noch die Schuhe des Barons zurückstellen, die Schuhe seines toten Bruders anziehen, wieder zum Gasthof gehen und sich zu Bett legen. Die Falle war zugeschnappt. Am Morgen spielte er überraschtes Entsetzen angesichts der Entdeckung der Leiche seines Bruders und wusste sich angeblich keinen Reim auf die Fußspuren im Schnee und das saubere Bajonett zu machen. Da freilich fiel ihm wieder ein, dass der Baron gesagt hatte, er werde Egmont umbringen …

Der Anwalt bewirkte zwar, dass der Baron freigesprochen wurde, doch dass Georg schuldig war, gestand dieser letztlich selbst. Er schrieb ein umfassendes Geständnis nieder und erschoss sich dann eines Nachmittags im Wienerwald. Damit war Holmes' Deutung des Falles bestätigt – was ihm fünf Guinees von einem sichtlich beeindruckten Dr. Watson einbrachte.

Das Abenteuer der *Adelaide Star*

Holmes, stets darauf bedacht, wie kriminelle Energie sich entwickelt, wurde in dem Moment hellhörig, da er Mrs Thrieplands Geschichte vom plötzlichen Tod, der Seebestattung und dem Diebstahl hörte. Einer solch seltsamen Fügung von Ereignissen war nicht zu trauen.

Das angeblich von Mr Thriepland an seine an Bord befindliche Geliebte geschickte Telegramm verstärkte Holmes' Skepsis weiter. Wieso sendet einer, der seine Nachricht doch persönlich übermitteln kann, ein Telegramm? Vielleicht bat er in der Nachricht die junge Frau darum, nur über Blicke mit ihm zu kommunizieren, weil sie mit dem Absender nicht offen reden konnte? Sollte das der Fall gewesen sein, dann war der »Teddy« des Telegramms keinesfalls identisch mit Edward Thriepland. Und war der forsche Großkapitalist denn einer von der Sorte, der zum hübschen Aussehen seiner Geliebten indirekte und fast schon poetische Andeutungen macht (Funkelaugen, glänzende Zukunft)? War das nicht viel eher ein Sprachgebrauch, der sich gezielt, wenn auch versteckt auf die Diamanten bezog? Das Zitat aus *Macbeth* (»Lass alles andere mir«) musste im Kontext eines Mordplans besonders verdächtig erscheinen.

Die Lage klärte sich weiter in Hatton Garden, wo Holmes von dem Mann aus den Kolonien erfuhr, der Rohdiamanten verkaufen wollte. Wenn das wirklich die Steine von Thriepland waren, dann hatte die falsche Ehefrau nicht allein gehandelt. War ihr Komplize der mysteriöse »Teddy« vom Telegramm?

Das Netz zog sich weiter zu durch Holmes' Besuch im Büro von O & C. Dr. Hogwin E. Palfrey, der kurzfristig als Ersatzarzt an Bord der *Adelaide Star* gekommen war, hatte den zweiten Vornamen Edward.

»Wenn Sie auf den Namen ›Hogwin‹ getauft wären, lieber Watson, würden Sie da im Alltag nicht lieber Ihren zweiten Namen verwenden?«, gab Holmes nach seiner Rückkehr in die Baker Street zu bedenken.

Die Gespräche mit Kapitän Penprase und Nancy Denne vervollständigten Holmes' Bild vom Mordkomplott. Dr. Palfrey war ein kaltherziger Schuft, der zu allem bereit war, um reich zu werden. Seine Freundin Emma Trowbridge, Sekretärin bei Colonial Gems in Melbourne, war schwer verliebt in ihn und ebenfalls auf Reichtum versessen. Auf Palfreys Bitte wurde sie die Geliebte ihres Chefs Edward Thriepland und brachte ihn dahin, ihr einen falschen Pass zu besorgen und sie als Mrs Thriepland mit nach England zu nehmen. Um sie auf dem britischen Dampfer begleiten zu können, setzte Palfrey den Schiffsarzt mit ein wenig Gift außer Gefecht und nahm an Bord seine Stelle ein.

Nun, da die falsche Mrs Thriepland und Dr. Palfrey zusammen waren, arbeiteten sie Hand in Hand daran, ihr Opfer aus dem Weg zu räumen und seine Diamanten zu stehlen. Die Diagnose »Herzinfarkt« brachte Holmes auf die richtige Fährte: Herzmuskelinfarkte gehen immer mit Schweißbildung einher, während der Kapitän doch gesagt hatte, dass die Haut von Mr Thriepland trocken war; zudem hatte der Patient die Aufwärterin mit seinem linken Arm heranzuwinken versucht, was nach einem Herzinfarkt kaum möglich gewesen wäre. Holmes fiel darüber hinaus der seltsame Umstand auf, dass der Arzt seine Tasche einsatzbereit an der Tür stehen hatte, als die Aufwärterin Nancy ihn holen kam. Das wirkte, als wüsste er bereits, was geschehen würde.

Den letzten und entscheidenden Hinweis gab für den weltweit führenden Gift-Experten die Tatsache, dass Nancy Dr. Palfrey dabei sah, wie er nach Mandeln duftende Makronen aß: Holmes identifizierte dies sofort als den charakteristischen Geruch von Zyankali. Die Makronen dienten nur dazu, den Geruch zu überdecken. Dr. Palfrey hatte Mr Thriepland keineswegs Morphium injiziert, sondern dieses Mittel, und zwar eine tödliche Dosis. Dass der Mann früher am Abend solch üble Magenschmerzen hatte, lag vermutlich an der Einnahme eines anderen, weniger starken Gifts, das seine Geliebte ihm in den Nachmittagstee gerührt hatte. Diese Substanz hatte sie zweifellos vom Arzt bekommen und es mag die gleiche gewesen sein, mit der daheim in Melbourne der eigentliche Schiffsarzt handlungsunfähig gemacht worden war.

Holmes musste zugeben, dass eine Seebestattung »etwas auf böse Weise Geniales« hat. Wegen des Diamantendiebstahls hätte der Detektiv Dr. Palfrey und seine Komplizin vor Gericht bringen können, doch der Beweis ihrer Komplizenschaft bei einem weit größeren Verbrechen ruhte im südlichen Atlantik auf dem Meeresgrund.

Wie es dennoch so oft der Fall ist, schießt ein Täter irgendwann über sein Ziel hinaus. Durch das häusliche Zusammenleben mit Emma Trowbridge glaubte Dr. Palfrey gewährleisten zu können, dass sie schwieg. Doch als sie ihm bekannte, angesichts ihres Handelns von Schuldgefühlen geplagt zu werden, beschloss er, sich ihrer zu entledigen. Wiederum war Gift das Mittel seiner Wahl, nur dass er es diesmal über einige Wochen hinweg verabreichte.

Als Holmes beim örtlichen Bestatter Emmas Leichnam untersuchte, entdeckte er Rückstände von Arsen. Zudem beförderte er aus einem Safe im Keller des Arztes Thrieplands Diamanten zutage. In der Folge wurde Dr. »Teddy« Palfrey des Diebstahls und des Mordes in einem Fall schuldig gesprochen. Holmes blieb überzeugt, das Urteil hätte auf Mord in zwei Fällen lauten müssen.

Das Rätsel des erstochenen Shakespeare-Forschers

Dass sich an den Rändern beider Gläser im Zimmer von Professor Thomas kein roter Lippenstift befand, ließ Holmes sofort zögern, Elena Formaggia des Mordes zu verdächtigen. Zudem würde die Verwendung einer Stricknadel, sollte sie denn die Mordwaffe sein, einen Vorsatz erwarten lassen – warum also streitet man sich laut und greift dann zu solch seltsamer Waffe?

Elena hatte zwar ein Motiv, Thomas zum Schweigen zu bringen, Wynberg allerdings auch. Beide hatten einen Ruf zu verlieren. Holmes' eigene Auslegung der mitgehörten Worte lautet wie folgt:

Der Ausruf des Frauennamens bezog sich nicht auf die untreue Geliebte, sondern lautete »Helena«, womit »der Blick, der tausend Schiffe trieb« in Christopher Marlowes Drama *Doktor Faustus* gemeint ist und damit der Blick der schönen Helena aus der »Ilias«. »Depp« war tatsächlich die phonetisch erste Silbe von »Deptford«, dem Ort, an dem Marlowe ermordet wurde. »Nichten« – oder vielmehr »nichts denn« – hängt direkt mit Wynbergs gemurmeltem »Schnitzel ist verbrannt« zusammen. Als Thomas behauptete, Marlowe sei doch »nichts denn ein Spitzel« gewesen, hatte diese spöttische Bemerkung den betrunkenen Amerikaner zum Mord angestachelt. Hinterher, noch immer benebelt vom Alkohol, ärgerte er sich weiter leise murmelnd über die Stichelei. Doch das, was er sagte – »Spitzel? Hirnverbrannt« –, wurde vom Pförtner falsch verstanden.

Und die Mordwaffe? Die goldene Schreibfeder! Betrunken und durch gelehrte Pfeilspitzen schmählich verhöhnt, hatte Wynberg das Gerät aus seiner Jackentasche geholt und Thomas ins Auge gestochen, womit er sich der gleichen Methode bediente, die bei Marlowes Ermordung in einem Pub in Deptford im Jahr 1593 zum Einsatz gekommen war. Der Kriminalbeamte aus Oxford, dem Holmes eine sehr starke Lupe in die Hand gedrückt hatte, fand verdächtige Spuren einer rot-braunen Substanz im Innern der Feder. Mit seinem chemischen Wissen konnte Holmes diese als menschliches Blut identifizieren.

Angesichts einer derart überwältigenden Indizienlage gestand Wynberg seine Schuld ein und wurde in Oxford vor Gericht gestellt.

(Anmerkung des Übersetzers: Wortspiele wie in diesem Fall aus dem Hochgebildeten-Milieu sind im britischen Humor tief verankert. Abgesehen davon, dass sie nicht ganz auf der Wellenlinie deutscher Leser liegen, sind sie auch nur näherungsweise zu übertragen. Im englischen Original murmelt Wynberg »A Spy? My foot!« [Ein Spion? So ein Quatsch!], was beim Pförtner, der nichts von Marlowe weiß, als »I spy my foot« [Ich schaue auf meine Füße] ankommt.)

Die Dame aus Kent

Eine Reihe von Unstimmigkeiten und Zweifeln veranlasste Holmes, der Geschichte von Mrs Elizabeth Flowers keinen Glauben zu schenken.

Da war zunächst die Verfärbung auf ihrem Stiefel, die Watson irrtümlich für einen getrockneten Wasserfleck hielt. Holmes deutete ihn zutreffend als chemisch verursachte Verätzung. Was, so fragte er sich, hatte sie mit Chemikalien zu tun, wenn sie nun schon seit etlichen Jahren nicht mehr im Labor von Gregory Flowers tätig war?

Zweitens ihr Benehmen. Ihr hysterisches Weinen war zu überzeugend, um echt zu sein; Holmes unterstellte ihr, nur zu schauspielern. Daran knüpften sich Zweifel an den schwarzen Ringen unter ihren Augen. In Sachen Verkleidung und Maskierung kannte er sich selbst bestens aus, und als sie sorgsam darauf achtete, beim Trocknen ihrer Tränen nichts zu verschmieren, war er überzeugt, dass die Ringe eher von Theaterschminke herrührten als von schlaflosen Nächten. Der Eindruck, dass alles wie für die Bühne einstudiert war, entstand auch durch die von ihr benutzte Formulierung »links platziert«, um zu erklären, wo Wincott Flowers' Weinglas stand.

Drittens hatte »die Dame allzu viel beschworen«, wie Watson in seinen Aufzeichnungen festhielt. Wenn der Fall Gregory Flowers gegenüber so klar war, warum ging sie da nicht einfach zur Polizei? Oder besprach sich wenigstens mit ihrem Mann: Die Ausrede, sie wolle ihm »keine unnötigen Sorgen bereiten«, war denkbar fadenscheinig. Indem sie so vehement auf Gregory verwies, bediente sich Elizabeth Flowers einer alten List, die Holmes sofort durchschaute.

Viertens, wenn sie tatsächlich gegen Mittag einen Zug von Tunbridge Wells nach Victoria Station bestiegen und sich von dort direkt in die Baker Street begeben hätte, dann wäre sie bereits am frühen Nachmittag eingetroffen. Sie kam aber erst an, als es bereits dunkel wurde. Wo, fragte sich Holmes, war sie in den verbleibenden Stunden gewesen?

Fünftens war die Droschke, die sie in die Baker Street gebracht hatte, aus nördlicher Richtung gekommen. Der Umstand, dass Watson beim Betreten des Zimmers seines Freundes den Glanz der untergehenden Sonne auf Holmes' Gesicht gesehen hatte, erinnert uns daran, dass die Räume des Hauses mit der Nummer 221 b nach Westen gehen, sodass auf dieser Seite der Verkehr nach Süden fließt. Holmes sah, wie ihre Droschke am Bürgersteig hielt, bevor sie auf den Bürgersteig direkt unter seinem Fenster trat; das heißt, sie war von Norden nach Süden gefahren. Sie aber hatte gesagt, sie sei von Victoria Station direkt, also von Süden her in die Baker Street gefahren. Das war gelogen. Wäre sie wirklich nordwärts gefahren, dann hätte sie an der anderen Straßenseite gehalten und die Straße überqueren müssen, um zum Haus mit der Nummer 221 b zu gelangen.

Und schließlich hatte Holmes' empfindliche und bestens geübte Spürnase den Geruch von Zigarettenrauch an ihrer Kleidung wahrgenommen. Dies allein genügte, ihn in seinem Verdacht zu bestärken. Später erklärte er der Polizei, er habe sogar die Tabaksorte identifizieren können – eine exklusive Mischung, die ausschließlich bei einem Tabakhändler im Bezirk Swiss Cottage erhältlich war. Da weder sie noch Edward rauchten und die Chance sehr gering war, dass sie mit jemandem im Abteil gesessen hatte, der dieses höchst ungewöhnliche Kraut rauchte, kombinierte Holmes, dass sie aller Wahrscheinlichkeit nach nicht aus Richtung Victoria Station zu ihm gekommen war, sondern von einem Stelldichein mit irgendeinem Raucher aus dem nördlichen Londoner Bezirk Swiss Cottage.

Der Tabakgeruch an der Kleidung von Mrs Flowers, ihr Eintreffen aus Londons Norden sowie die nicht vorhandene Erklärung für die verbleibenden Stunden bis zu ihrem Eintreffen in der Baker Street am späten Nachmittag ließen Holmes annehmen, dass die Dame in amouröser wie finanzieller Hinsicht ein Motiv hatte, sich ihren Mann aus dem Weg zu wünschen.

Mit seinem Verdacht ging der Detektiv unverzüglich zu Scotland Yard. Rasch eingeleitete Ermittlungen ergaben, dass Elizabeth Flowers tatsächlich einen Liebhaber hatte, der im Norden Londons lebte. Er hieß William Gramolt, sie kannte ihn seit ihrer Jugendzeit aus dem Theater. Das Paar gestand später, dass es einen raffinierten Plan ausgeheckt hatte, um die Familie Flowers ihres Vermögens zu berauben.

Der erste Schritt dazu war, dass sich Elizabeth Zutritt ins Labor von Gregory Flowers verschaffte, um dort alles über Gift zu lernen. Über die Arbeit kam sie zudem mit Edward in Verbindung, den sie mit der Behauptung, schwanger zu sein, dazu brachte, sie zu heiraten. Das war sie keineswegs, und dass sie eingestand, auch fünf Jahre nach ihrer Heirat noch immer kinderlos zu sein, gab Holmes weiteren Anlass zu seinem Verdacht, dass ihre Verbindung mit Edward nicht derart auf Liebe gründete, wie sie ihm bei ihrem Besuch in der Baker Street vorgespiegelt hatte.

Die Schlussetappe ihres bösen Ränkespiels sah vor, Edward zu vergiften, sich als seine Frau zur Erbin des Vermögens zu machen und Gregory als Hauptverdächtigen dastehen zu lassen. Dem Gaunerpaar war es egal, ob es den armen Kerl damit an den Galgen lieferte, solange die Aufmerksamkeit von ihnen selbst abgelenkt wurde.

Dass sie zu Sherlock Holmes ging, um vor Edwards drohendem Tod zu warnen, war ein cleverer, aber auch gefährlicher Schritt. Indem Elizabeth ihn beauftragte, unterschätzte sie in fahrlässiger Weise die Fähigkeiten des Detektivs. Statt den Scheinwerfer des Tatverdachts auf Gregory zu richten, bewirkte sie nur, dass sie unversehens selbst in seinem grellen Licht stand.

Zum weiteren Schicksal von Elizabeth Flowers und William Gramolt hat Watson nichts festgehalten, aber wir können es uns irgendwie denken.

Das letzte Wort in diesem Fall hat Sherlock Holmes selbst. Am Ende seiner Aufzeichnungen zur »Dame aus Kent« schrieb Watson:

»Als wir in der Droschke zurück in die Baker Street fuhren, fragte ich meinen Freund, was dies letzte Abenteuer ihn gelehrt habe.

›Rein gar nichts, lieber Watson‹, erwiderte er, ›auch wenn es eine meiner goldenen Regeln untermauert.‹

›Ah! Darf ich fragen, wie diese Regel lautet?‹

Holmes hielt einen Moment inne und entließ den Hauch eines Lächelns über seine dünnen Lippen. ›Diese Regel werden Romantiker wie Sie und Ihresgleichen leider niemals beherzigen, Watson: Lass dich nie und unter keinen Umständen durch ein hübsches Gesicht vom Pfad der Vernunft abbringen.‹«

Der Fall der Emaillebrosche

Als Emily de Chablis Holmes flehentlich bat, mehr zu ihrer Herkunft zu ermitteln, nahm das Gesicht des Detektivs einen merkwürdigen Ausdruck an. Nachdem er sie noch einmal eingehend betrachtet hatte, blickte er an die Decke, dann hinab auf seine Füße. Watson war fassungslos: Mehr als eine Minute lang fehlten Sherlock Holmes einfach die Worte!

Als er dann endlich sprach, tat er dies »in seltsam verhaltener Weise, als müssten die Worte aus ihm herausgepresst werden wie der Saft aus einer Zitrone«. Zunächst sagte er, er erinnere sich an den Mordfall Édouard de Chablis, er habe davon in der französischen Presse gelesen. Er hustete, bevor er fortfuhr. Der arme Gentleman sei von einem Kommunisten erschossen worden aus keinem anderen Grund, als weil er ein enger Vertrauter von Louis-Philippe Albert d'Orléans, Graf von Paris, war, in dem französische Royalisten den rechtmäßigen König von Frankreich sahen. Einige sagten, dass Édouard de Chablis sogar ein Verwandter des Grafen sei. Anders gesagt, in seinen Adern floss blaues Blut.

Über diese Auskunft freute sich Miss de Chablis. Für sie erklärte dies das Schmuckstück von unschätzbarem Wert und dass ihre Mutter bekümmert nach England geflohen war aus Furcht, auf der Liste der Mörder die Nächste zu sein. »Und ich kann meinem künftigen Schwiegervater wirklich sagen, dass nach Auskunft keines Geringeren als des berühmten Sherlock Holmes höchstwahrscheinlich blaues Blut durch meine Adern fließt?«, fragte sie noch, bevor sie ging.

Holmes nickte. »Gewiss doch, Miss de Chablis. Gewiss doch.«

Kaum hatte sich die Tür hinter ihr geschlossen, murmelte Holmes: »Nun, das war nur halb gelogen, Watson, wie? Das arme Ding! Es ist nicht an uns, ihr das Herz zu brechen, ihre Illegitimität zu offenbaren und sie zum Mittelpunkt eines nationalen Skandals zu machen, finden Sie nicht auch?«

Der Doktor stand vor einem Rätsel. Watson schrieb, Holmes habe einen verärgerten Seufzer von sich gegeben und sich gefragt, wie jemand, der das Offenkundige nicht zu deuten verstand, je zu einer korrekten ärztlichen Diagnose gelangt sein mag. Dann legte er seine Schlussfolgerung dar.

Der Verdacht war sofort in ihm aufgekeimt, als er die junge Frau näher betrachtete. Anders als Watson fiel ihm gleich auf, mit wem sie Ähnlichkeit hatte. Die Brosche und ihr Alter bestätigten ihn darin. »Chab« war keine Abkürzung für Chablis, sondern für Le Chabanais, das berühmteste Bordell von Paris, ein regelmäßig von Politikern wie von Adligen frequentiertes Etablissement. Liza Wilkins mochte während ihrer Zeit in Paris für Geld manchem etwas beigebracht haben, aber jedenfalls keine englische Grammatik. Édouard de Chablis, gleich ob blaublütig oder nicht, hat es nie gegeben: der Adelstitel »de Chablis« und »Édouard«, die französische Form des Vornamens ihres Vaters, waren Erfindungen, die ihrer Schwangerschaft genügend Ehrbarkeit verleihen sollten.

Der Name »Edward« auf der Brosche war keine anglisierte Version von Édouard, sondern der richtige Name dessen, der dieses Schmuckstück verschenkt hatte: Prinz Edward, der älteste Sohn von Königin Victoria. Als häufiger Gast des Fünf-Sterne-Bordells zu der Zeit, in der Emily de Chablis schwanger wurde, hatte der Prinz – »du [vom] Chabanais« – aller Wahrscheinlichkeit nach Liza Wilkins die Brosche geschenkt als Zeichen royaler Dankbarkeit für erwiesene Dienste.

Und das äußere Erscheinungsbild von Emily de Chablis? Als Watson protestierte, sie habe keinerlei Ähnlichkeit mit Prinz Edward, dem späteren König Edward VII., hätte Holmes beinahe entnervt aufgeschrien. »Nein, mein lieber Watson! Das Mädchen hat keine Ähnlichkeit mit seinem Vater, aber mit seiner Großmutter. Verstehen Sie? Es ist der jungen Victoria doch wie aus dem Gesicht geschnitten.«

Watson erinnert sich nicht, wie er diese Nachricht aufgenommen hat, doch das Kürzel PB, mit dem er diesen Fall versah, erklärt, warum er es für alle Beteiligten für das Beste hielt, wenn er innerhalb der Mauern von Baker Street 221 b blieb.

Das Rätsel der vierten Posaune

»Das Rätsel der vierten Posaune« ist ein ungewöhnliches Beispiel dafür, dass sich Holmes im Dienst der Gerechtigkeit seiner Kenntnisse im Feld der Musik bediente.

Holmes' ungutes Gefühl war durch das Zusammenspiel mehrerer Faktoren entstanden. Der erste war, dass de Mainville plötzlich im Orchester fehlte. Dies allein war noch nicht verdächtig, das wurde es jedoch, als es mit anderen Merkwürdigkeiten einherging.

Eine war, dass Horváth seine Taschenuhr neben die Partitur auf das Pult legte. Holmes hatte dergleichen noch nie gesehen oder je davon gehört, und er fragte sich sofort, wozu er das wohl tat. Die Situation klärte sich etwas, als der Dirigent allerhand unmotivierte *Rallentandos* und *Accelerandos* in die Musik einfügte, wie Holmes auffiel, als er erfolglos mit den Fingern den Takt zu halten versuchte. Die Irritationen im Orchester bestätigten ihm, dass hier etwas Ungewöhnliches geschah. Wie Holmes seinem Freund Watson im Saal zuraunte, konnte er sich dies nur dadurch erklären, dass Horváth die Ouvertüre ganz streng nach einem bestimmten Zeitplan dirigierte.

Wieso er dies tat, erschloss sich dem Detektiv erst, als er erfuhr, dass de Mainville im lautesten Getöse von Tschaikowskis Ouvertüre durch einen Schuss zu Tode gekommen war. Dass der vierte Posaunist genau an dieser Stelle Selbstmord beging, mochte als außergewöhnlicher Zufall durchgehen – jedoch gewiss nicht, wenn der Dirigent die Musik so gelenkt hatte, dass sie präzise übertönen würde, was in der Künstlertoilette geschah.

Von Holmes dazu angestiftet, ermittelte die Londoner Polizei umfassend zu de Mainvilles Tod und deckte, wie der Detektiv befürchtet hatte, eine ruchlose Verschwörung auf.

Dabei stellte sich heraus, dass Oskar Horváth ein ebenso besessener Spieler wie erstklassiger Musiker war. Als Musiker hatte de Mainville weniger Talent, doch als einziger Sohn eines bekannten Bankiers war er um einiges wohlhabender. Horváth hatte sich privat große Beträge von ihm geliehen. Als der Maestro seine Schulden nicht zurückzahlen konnte und der Posaunist ihm drohte, damit an die Öffentlichkeit zu gehen, heuerte der verzweifelte Maestro mit den letzten ihm verbliebenen Pfund einen Auftragsmörder an.

Horváth und der Killer erdachten einen, wie sie hofften, todsicheren Plan. Der Dirigent gab einem erfolglosen Arzt, der gern etwas dazuverdiente, Geld zur Beschaffung einer Substanz, durch die sich der Posaunist plötzlich massiv unwohl fühlen würde. Der Killer verschaffte sich unter falschem Namen Zutritt in den Kantinenbereich der Albert Hall, tat das Gift in ein Sandwich und gab dieses seinem Opfer in der Pause zwischen Kantate und Ouvertüre zu essen. Während die anderen Musiker auf die Bühne zurückkehrten, bat Mainville eilig um Entschuldigung und rannte in die Toilette; dort ging es ihm denkbar schlecht. Der Killer wartete ab, bis der Künstlerbereich sich geleert hatte, dann ging er ihm hinterher. Während über ihnen die Kesselpauken dröhnten, erschoss er ihn um exakt 17.43 Uhr und legte die Mordwaffe neben die Leiche.

Die Selbstmord-Theorie, zu der die Polizei gelangt war, weil de Mainville an Depressionen litt, die eine schwere Magen-Darm-Grippe noch verstärkt hatte, wurde ad acta gelegt, und so griff sich der Arm des Gesetzes doch noch Horváth und seinen Komplizen.

»Die zeitliche Koordinierung der beiden war meisterlich«, bemerkte Holmes trocken, als er einige Wochen später mit Watson über diesen Fall sprach. »Von einer Sache abgesehen.«

»Und die wäre?«

»Es war nicht sehr klug, den Mord während eines Konzerts zu planen, bei dem ich im Publikum sitze, nicht wahr, Watson?«

Das Rätsel des erwürgten Dichters

Holmes musste Lord Abbas nur zu Gesicht bekommen, da konnte er ihn als Verdächtigen auch schon ausschließen. Nur ein überaus raffinierter Mensch wäre das Risiko eingegangen, einen Detektiv ein Verbrechen aufklären zu lassen, das er selbst begangen hatte. Da es keine Anhaltspunkte für einen Einbruch gab, musste jemand aus Cranmer House der Mörder sein. Fawcetts päderastische Neigung lag als Motiv nahe, und Holmes gab zu, dass ihn dies eine Zeit lang vom richtigen Pfad abgelenkt hatte.

Sein Gespräch mit Mrs Mussett, der Hausmutter, hatte ihn wieder darauf zurückgebracht. Eine attraktive Witwe, die jede Minute ihres Lebens in Cranmer House genießt; ein äußerst ansehnlicher junger Mann, der wegen Sodbrennen zu ihr kommt; ein homosexueller Dichter, der gegen den »Sturm« wettert, der über ihm tobt, und voll Hass beschließt, nicht länger tatenlos zu bleiben. Das fügte sich leicht zu einem Bild.

Beiden Schuldigen unterliefen in ihrem Gespräch mit Holmes schwere Fehler. In einem Haus, in dem man sich ausschließlich mit dem Nachnamen anredet, hatte Mrs Mussett den Head of House mehrfach »Sebastian« genannt. Und obwohl die Nacht stürmisch war und er angeblich in seinem Bett in dem nach Südwest weisenden Schlafbereich lag, gab Crawley an, er habe die Uhr halb eins schlagen hören. Das konnte nur sein, wenn er sich in der Nähe eines offenen Fensters auf der windabgewandten, Richtung Kirche gehenden Seite des Gebäudes befand, so laut wehte der Wind. Da die Türen zur Küche abgeschlossen waren, musste der junge Mann in der Zeit von Fawcetts Ermordung in dessen Arbeitszimmer gewesen sein.

In den Räumlichkeiten der Hausmutter fand Granger zwei Fahrkarten für die Fähre von Weymouth nach Barfleur. Als sie von Wray erfuhr, dass Lord Abbas den berühmten Sherlock Holmes beauftragt hatte, war Mrs Mussett am Tag von dessen Eintreffen nicht nach Weymouth gefahren, um ihre Schwester zu besuchen, sondern um die Fahrkarten zu kaufen. Ihr Plan war, sich am nächsten Abend mit ihrem jungen Liebhaber nach Frankreich abzusetzen.

Auf die Entdeckung der Fahrkarten hin gestand die Hausmutter, dass sie vorgehabt hatte, mit Sebastian Crawley zu verschwinden. Rein aus Liebe, behauptete sie, mit dem unglückseligen Tod des armen Fawcett habe das überhaupt nichts zu tun. Ihr Geliebter war weniger abgebrüht. Als man ihn mit der ganzen Last der Indizien konfrontierte, die gegen ihn sprachen, knickte Crawley im Polizeiverhör ein.

In seinem verzweifelten Versuch, dem Galgen zu entgehen, schob er Sophia Mussett die gesamte Schuld in die Schuhe. Vier Wochen zuvor habe sie ihn verführt, sagte er, und als Fawcett in ihr lautes Liebestreiben geplatzt sei, habe sie ihn angefleht, den Mann zum Schweigen zu bringen, bevor er ihr Verhältnis öffentlich machen und sie damit beide zugrunde richten konnte. Der Verdacht, so habe sie hinzugefügt, werde gewiss auf Lord Abbas fallen, von dessen Drohungen gegen Fawcett jedermann wusste. Und so folgte denn der ganz im Bann ihrer Schönheit stehende Crawley dem Hauslehrer die Treppe hinab und erwürgte ihn in seinem eigenen Arbeitszimmer.

»Gefährliche Sache das«, murmelte Lord Abbas, als er Holmes den Scheck über die zweite Hälfte seines Honorars reichte. »Schwacher Gegenwert zu dem, was ein liebestoller Kerl so alles anstellt, hm?«

Darauf erwiderte Holmes nichts.

Das Abenteuer des Brandstifters von Axelbury

Die Ermittlungen im Fall der gestohlenen Halskette hatten in den Händen der Polizei von Somerset gelegen. Ihre Bemühungen waren ergebnislos geblieben, obwohl man dort überzeugt war, dass Piccard Grantham der Täter sein musste. Nachdem er wegen eines anderen Vergehens festgenommen und verurteilt worden war, entschied man deshalb, die Sache bis zu seiner Entlassung aus dem Gefängnis nicht weiterzuverfolgen. Man würde ihn dann gründlich beschatten und sich von ihm zum Versteck der Halskette führen lassen.

»Sie hätten damals zur Zeit des Diebstahls nur die richtigen Fragen stellen müssen«, raunzte Holmes, »dann hätten wir für diese Fahrt nach Somerset keine Zeit verschwenden müssen.«

Watson beschloss, den zweiten Teil dieser Aussage seines Freundes zu überhören, und fragte ihn, was denn die »richtigen Fragen« gewesen wären.

Vier an der Zahl, sagte Holmes. Erstens: Woher wusste der Dieb, dass die Bewohner des Hauses allesamt abgelenkt waren und er freie Bahn hatte? Zweitens: War es reiner Zufall, dass er gleich auf Miss Teaseburys Schlafzimmer stieß und genau wusste, wonach er zu suchen hatte und wo es sich befand? Drittens: Würde jemand, der noch nie Auto gefahren war und keine Ahnung hatte, wie das ging, ein Auto zur schnellen Flucht wählen? Viertens: Wenn der Eindringling vielleicht gar nicht versucht hatte, den Motor zu starten, was tat er dann neben dem Fahrzeug?

Schon vor seiner Abreise aus London war Holmes der Ansicht, dass jemand aus dem Haus dem Dieb geholfen haben musste – wer sonst hätte gewusst, wo genau sich die Halskette befand? Als er von den Fahrten nach Shepton Mallet erfuhr, dem Ort, wo Grantham im Gefängnis saß, schränkte er die Zahl der Verdächtigen auf zwei ein: den Chauffeur Hazelhurst und die Dienstmagd Molly.

Holmes hatte schon früh die Vermutung, dass das Automobil in einem Zusammenhang mit dem Diebstahl stehen konnte – es war verdächtig, dass am selben Ort im Abstand weniger Monate zwei große Verbrechen begangen wurden –, doch er konnte nicht sagen, wie. Die Gespräche mit Hazelhurst und dem Droschkenkutscher hatten ergeben, dass sich die Brandstiftung von Axelbury Hill in ihrer Umsetzung von den vier anderen Anschlägen etwas unterschied; dies deutete für Holmes darauf hin, dass den letzten Anschlag ein anderer Täter verübt hatte als die ersten vier. (Dies stellte sich als richtig heraus, als man eine Woche später einen unter Druck stehenden Hufschmied aus Kingston St Mary auf frischer Tat bei dem Versuch ertappte, mit einem brennenden Heuballen vor den Türen eine Garage abzufackeln.)

Wenn der Axelbury-Brandstifter ein krimineller Trittbrettfahrer war, der die bisherigen Fälle nutzte, um nicht aufzufallen – wer war es und warum wollte er den Buick zerstören?

Hazelhurst war klar verdächtig, weil er über Automobil und Garage frei verfügen konnte. Zudem lieferte Holmes' Untersuchung des ausgebrannten Fahrzeugs ein mögliches Motiv. Der Chauffeur hatte berichtet, der jetzt im Gefängnis sitzende Grantham habe am Abend des Diebstahls den Buick zu starten versucht. Nun war Holmes aber darauf gestoßen, dass Grantham die gestohlene Halskette in dessen Benzintank versenkt hatte. Hazelhurst mochte dies gesehen und das Auto in Brand gesetzt haben, damit nicht auffiel, dass er den Tank aufgesägt hatte, um selbst in den Besitz der Halskette zu gelangen. Oder er hatte den Diebstahl selbst begangen und Granthams Auftauchen erfunden, um von sich abzulenken. Aber wieso steckt man eine Halskette in einen Benzintank? Und warum holt man sie sich wieder zurück, indem man das Auto zerstört, wo er sich doch leicht am Tank zu schaffen machen konnte, ohne Verdacht zu erregen? Nein, sagte sich Holmes, Hazelhurst war nicht der Übeltäter, nach dem er suchte.

Blieben Grantham und sein Komplize. In irgendeinem Moment hatte der ehemalige Krabbenfischer seinem Mitstreiter vermutlich verraten, wo er seine Beute versteckt hielt, wenngleich beide eine Zeit lang nicht recht wussten, wie man wieder an sie herankam. Dann ereigneten sich die Brandstiftungen. Von ihnen erfuhr Grantham bei einem Besuch seines Komplizen im Gefängnis von Shepton Mallet, und gemeinsam heckten sie den Plan aus, die Bergung der Halskette zu verschleiern, indem sie den Buick in Flammen aufgehen ließen.

Nach dieser Schlussfolgerung war Holmes ziemlich überzeugt davon, dass Granthams Komplize sein heimliches Herzblatt Molly war. Sie musste wissen, wo die Halskette aufbewahrt wurde, und konnte Grantham an einem Abend, an dem ihrer sicheren Kenntnis nach sämtliche Hausbewohner mit dem Festmahl befasst waren, dorthin lotsen.

Holmes musste seine Hypothese allerdings noch beweisen. Eine Halskette, die wochenlang in einem Benzintank gelegen hatte, müsste mit Sicherheit zumindest ganz schwach nach Treibstoff riechen. Der Schnupfen, um den sich Watson so sorgte, war nur vorgetäuscht, damit Holmes in den Räumen, die er für seine Befragungen betrat, in Ruhe umherschnuppern konnte. In Mollys Zimmer roch es untrüglich nach dem Benzin, das noch an dem gestohlenen Schmuckstück hing.

Er vergewisserte sich seiner Mutmaßung, indem er den Gefängnisdirektor in Shepton Mallet anrief und erfuhr, dass eine gewisse

Molly Fish im vergangenen Monat zwei Mal bei Piccard Grantham zu Besuch gewesen war.

Watson schloss seine Aufzeichnungen mit der Bemerkung, dass die Reise nach Somerset ganz entgegen Holmes' Behauptung für niemanden Zeitverschwendung gewesen sei. Constable Diggins hatte seinen Täter oder besser seine Täterin, Agatha Teasebury hatte ihre Halskette wieder, Holmes hatte einen Scheck über 750 Pfund in der Tasche und Watson hatte die Taube aus der Drury Lane von Angesicht gesehen.

Das Rätsel
des frühen Kuckucks

Einige Angaben im Bericht von Lilly Phillips hatten Holmes aufhorchen lassen. Er war nicht überzeugt von Gustav Strauss' Begründung, warum er gegen eine Heirat war. Eine mögliche Erklärung, vermutete er, war, dass der Mann seinen richtigen Namen nicht preisgeben wollte; dies hätte er für eine rechtsgültige Heirat tun müssen.

Das Namenrätsel wurde noch vertrackter, als Holmes erfuhr, dass die Briefe aus dem Ausland (ziemlich gewiss aus der Schweiz) an »Sauber-Strauss« adressiert waren. Da der Absender zwischen den Namen der Uhr (die Strauss zufolge nach seiner Mutter hieß) und den des Erfinders einen Bindestrich gesetzt hatte, konnte der Schreiber durchaus ein Strauss-Verwandter aus der Linie der Saubers sein.

Was hatte diese Person zum Schreiben veranlasst? Dass die Briefe so bald nach Erscheinen des Artikels in den *Illustrated London News* eintrafen, war sicher kein Zufall. Doch was mochte dringestanden haben? Ein Bettelbrief war naheliegend, doch der hätte den Empfänger nicht derart beunruhigt und sich so geheimnistuerisch verhalten lassen. Nein, wer immer diese Briefe schrieb, teilte darin etwas mit oder forderte etwas, das Strauss (wenn das denn sein richtiger Name war) große Sorge bereitete.

An dieser Stelle seiner Arbeit widmete sich Holmes den weiteren Anhaltspunkten. Als Erstes dem plötzlichen Eintreffen und seltsamen Verhalten des französischen Kesselflickers. Etliche Dinge ließen den Detektiv sofort aufmerken: Der Mann war genau in der Zeit der rätselhaften frühen Kuckucksrufe aufgetaucht; er befand sich an dem Abend im Brickmaster's Arms, als der Schlüssel der Dienstmagd (aber kein hoher Geldbetrag) gestohlen wurde; er hatte den Bezirk unmittelbar nach Strauss' Ermordung verlassen; da er Schweizerdeutsch beherrschte, war er vermutlich Schweizer, kein Franzose; er war (mit seiner silbernen Uhrkette) weder so arm noch so kurzsichtig, wie er vorgab. All diese Fakten, so wusste Holmes, bewiesen noch nichts, doch sie legten nahe, dass der Mann ein Betrüger war, der wahrscheinlich irgendetwas mit Strauss' Tod zu tun hatte. Möglicherweise war er auch derjenige, der dem Erfinder die Briefe aus der Schweiz geschrieben hatte.

Als Nächstes befasste sich Holmes mit dem unverschlossenen Sekretär und der Kuckucksuhr, die in die Wanne gefallen war. Da Lilly diesen Modellentwurf nie zuvor gesehen hatte, ließ sich annehmen, dass er während ihrer Abwesenheit in das Haus gebracht worden war. Von wem? Und warum? Die Antwort auf die erste Frage mochte durchaus lauten: der falsche Kesselflicker. Und stand dies vielleicht in Zusammenhang mit dem erfolglosen Durchwühlen des Sekretärs?

Unterm Strich wiesen all die bisherigen Folgerungen für Holmes darauf hin, dass der Eindringling, vermutlich der Kesselflicker, der Dienstmagd den Schlüssel stahl, sich Zutritt in Strauss' Haus verschaffte, als dieser allein dort war, eine alte Sauber-Uhr in die Wanne fallen ließ, den Schlüssel zum Sekretär fand und erfolglos nach etwas suchte, das er darin vermutete.

Als der Detektiv dann erfuhr, dass der Kesselflicker dorthin weitergezogen war, wo sich die Sauber-Fabrik befand, ging er ziemlich sicher davon aus, dass er es als Nächstes auf dieses Objekt abgesehen hatte. Er lag richtig, und der Kesselflicker wurde verhaftet.

Der Mann bekannte sich des Einbruchdiebstahls schuldig, nicht jedoch des Mordes. Zu seiner Verteidigung erzählte er den, wie er schwor, wahren Hergang der Dinge.

Er hieß Wolfgang Sauber und hatte seinerzeit mit seinem Bruder Gustav (der kein Waisenkind war und dessen Mutter auch nicht mit Mädchennamen Sauber hieß) eine tadellos funktionierende elektrische Kuckucksuhr entwickelt. In dem Moment, da die Kinderkrankheiten des Mechanismus überwunden waren und die Uhr auf den Markt gebracht werden konnte, verschwand Gustav mit sämtlichen Unterlagen einschließlich der Patente und Baupläne. Wolfgang hatte keine Ahnung, wo er hingegangen war und was er so machte, bis er zufällig in der Bibliothek seines Ortes die Nummer der *Illustrated London News* las, in der es um die erfolgreiche Geschäftstätigkeit seines Bruders ging.

Wolfgang wusste denn also, dass Gustav nach England gegangen war, seinen Namen in Strauss geändert hatte und die Uhr ohne seine Beteiligung herstellte. Da das Patent auf den Namen Sauber ausgestellt war, konnte er sie unter diesem Namen anbieten. Wolfgang hatte entdeckt, dass er übers Ohr gehauen worden war, nun wollte er seinen Anteil am Erfolg einfordern. Zunächst schrieb er Drohbriefe. Als diese unerwidert blieben, kam er nach Birmingham und ließ zur Jahreszeit nicht passende Kuckucksrufe ertönen, um Gustav zu signalisieren, dass er da war, und damit sich dieser aus Angst zu einer geschäftlichen Einigung bereit erklärte. Als er damit wiederum abblitzte, wartete er auf eine günstige Gelegenheit zur direkten Konfrontation.

Er behielt das Haus der Straussens gut im Auge, und als Lilly mit den Kindern fort war und die Köchin zwei Tage frei hatte, schlug er zu. Er entwendete den Hausschlüssel aus dem Täschchen der Dienstmagd und ließ ein paar Münzen mitgehen, damit es nach einem herkömmlichen Diebstahl aussah. (Weil die Frau ihm leidtat, ließ er die Finger vom Zehn-Shilling-Schein.)

Was genau als Nächstes geschah, bleibt unklar. Wolfgang sagt, er habe das Haus betreten, wo er den Geschäftsmann beim Baden angetroffen habe. Wolfgang hatte das Modell der Kuckucksuhr dabei, das die beiden gemeinsam entworfen und gebaut hatten. Die Männer stritten sich. Während Gustav in der Wanne sitzenblieb, stöpselte der aufgebrachte Wolfgang die Uhr ein und setzte sie in Gang, damit man sah, dass der gemeinsam entwickelte Prototyp – von dem aber nur Gustav profitierte – tadellos funktionierte. Im Eifer des Gefechts rutschte die Uhr in die Wanne, mit fatalen Folgen.

Wolfgang begriff, dass der Stromschlag wie ein Unfall wirkte. Er packte die Gelegenheit beim Schopf und öffnete den Sekretär seines

Bruders in der Hoffnung, auf die Papiere zu stoßen, die belegten, dass das Uhr-Modell auch mit seine Erfindung war. Als er nichts fand, nahm er richtigerweise an, dass sie sich in Strauss' Fabrik befanden.

Zu seinem Pech war Sherlock Holmes zu dem gleichen Schluss gelangt und wartete dort bereits auf ihn.

Watsons Aufzeichnungen ist nicht zu entnehmen, ob Wolfgang Sauber wegen Mordes verurteilt wurde. Auskunft geben sie jedoch darüber, dass Lilly Phillips rasch über den Verlust ihres betrügerischen Lebenspartners hinwegkam und nach Salcombe in Devon zog, wo sie später glücklich und rechtsgültig verheiratet als Mrs Bothwaite lebte.

Das Abenteuer der Büste aus Athen

Holmes und Watson begannen mit dem ersten Telegramm, das Bannon an Harper übermittelt hatte. Das letzte Datum sagte beiden sofort etwas: 1805, die Schlacht von Trafalgar. Watson erkannte daraufhin, dass 14:15 für die Schlacht von Agincourt stand, und als Holmes 17:06 als Schlacht von Ramillies ergänzte, wurde ihnen klar, dass vermutlich alle Daten für Schlachten standen. Und so war es denn auch.

Manche Angaben waren knifflig, da im entsprechenden Jahr mehr als eine berühmte Schlacht stattgefunden hatte, doch durch Herumprobieren hatten sie den Code rasch geknackt und Folgendes auf ihrem Zettel:

15:25 Pavia

15:71 Lepanto

14:15 Agincourt

04:80 Thermopylen

17:08 Oudenaarde

14:60 Northampton

18:54 Inkerman

18:15 New Orleans

12:63 Largs

18:98 Omdurman

16:45 Naseby

16:50 Dunbar

13:88 Otterburn

18:27 Navarino

10:57 Varaville

11:90 Iconium

16:52 Elba

17:06 Ramillies

18:12 Salamanca

16:42 Edgehill

17:09 Poltava

18:05 Trafalgar

Der nächste Schritt war einfach: Die Anfangsbuchstaben jedes Eintrags ergaben

PLATONINLONDONVIERSEPT

oder

PLATON IN LONDON VIER SEPT

Mit derselben Methode entschlüsselten sie Harpers Antwort:

13:86 Sempach

17:77 Oriskany

14:77 Nancy

16:58 Dunes

12:65 Evesham

16:43 Roundway Down

17:45 Kesselsdorf

06:25 Uhud

17:00 Narva

13:32 Dupplin Moor

18:07 Eylau

14:61 Ferrybridge

16:49 Rathmines

08:70 Englefield

18:05 Ulm

14:61 Towton

18:12 Smolensk

03:33 Issos

13:46 Crécy

10:66 Hastings

Das ergab

SONDERKUNDEFREUTSICH

oder

SONDERKUNDE FREUT SICH

Damit war die Geheimabsprache enthüllt.

Ein konkurrierender Sammler war an John Harper herangetreten; er wollte die seltene Platon-Büste selbst besitzen und bot ihm für seine Mithilfe eine hübsche Summe, die ihn schwach werden ließ. Harper besprach sich mit seiner Liebsten Philippa Bannon, und das Paar entschied sich dafür, dieses Angebot anzunehmen. Es würde ihnen endlich genug Geld einbringen, um heiraten und zusammenziehen zu können. Beide waren vermögenslos, und Mrs d'Arche hatte gesagt, dass ihre Gehälter viel zu mager waren, um davon eine angemessene Wohnung bezahlen zu können.

Beim ersten Treffen mit dem Archäologen machte John Harper schon fast alles klar. Gegen eine erkleckliche Gebühr aus der Hand des spendablen Sammlers (die auf den ansehnlichen Betrag, den ihm die d'Arches zahlen würden, noch oben drauf kam) erklärte sich der Albanier bereit, die Büste auf die Yacht zu schaffen, um sie gleich wieder heimlich zu entfernen und auf Geheiß von Mr Harper nach London zu bringen. Bannon sollte ihm das Datum seiner Ankunft mitteilen, und dann stünde Harper im Londoner Hafen bereit, um die Kiste in Empfang zu nehmen und seinem solventen Kunden zu überbringen. Das Ganze wäre gelungen, hätten nicht infolge einer telegraphierten Warnung von Sherlock Holmes bereits vier stattliche Polizeibeamte am Kai auf ihn gewartet.

Philippa Bannon hatte hierbei zwei Aufgaben. Zum einen sollte sie Harper in einem verschlüsselten Telegramm mitteilen, wann die gestohlene Kiste eintraf (vierter September). Zum anderen musste sie dafür sorgen, dass es niemand mitbekam, wenn der Albanier und seine beiden Helfer – dasselbe Trio, das die Kiste angeliefert hatte – gegen drei Uhr am nächsten Morgen an Bord kamen, um sie wieder fortzuschaffen.

Während des Umtrunks wurde stets fleißig nachgeschenkt, sodass die d'Arches in tiefen Schlaf sanken. Den Butler, die Zofen,
den Kapitän und die Crew brachte Bannon zum Schweigen (»nur
ein kleines Dankeschön von mir, sagen Sie's bitte niemandem weiter«), indem sie ihnen überreichte, was sie an Hochprozentigem
gern tranken – Whisky für den Butler und den Kapitän, Portwein
für die Zofen und Rum für die Seeleute. Am nächsten Morgen
dröhnten ihnen nicht nur aufgrund der Entsetzensschreie von Mr
d'Arche die Köpfe.

Als Holmes an die Tür ihrer Kajüte klopfte und darum bat, sich
Geschichtsbücher von ihr leihen zu dürfen, wusste Bannon, dass
das Spiel aus war. Rasch kratzte sie ihr bisschen Geld zusammen,
und während der Detektiv und sein Freund mit dem Dechiffrieren
der Telegramme beschäftigt waren, ging sie von Bord und verschwand. Die d'Arches unternahmen nichts, um sie aufspüren zu
lassen. Als Platon in ihrer langen Galerie wohlbehalten auf seinem
Sockel stand, war Philippa Bannon ihnen herzlich egal geworden.

Das Rätsel der
verschwundenen Philatelisten

Als Watson den Detektiv fragte, wie er auf Hochwürden Woolfstein
als Mörder der drei Philatelisten gekommen sei, lächelte Holmes
und sagte, die drei toten Männer seien ungeachtet der Annahme
ihrer Ehefrauen und der Wirtin vom Golden Swan gar keine Brief-
markensammler gewesen. Sie waren begeisterte Mitglieder der Na-

tional Secular Society, einer Gruppierung von Freidenkern, der es um die Abschaffung jeglicher Art von organisierter Religion ging. Sie gaben sich als Mitglieder eines nicht existierenden Briefmarken-vereins aus, um ihre Frauen nicht unnötig aufzuregen und damit ihre anglikanische Wirtin ihnen nicht den Sitzungsraum entzog. (Deshalb bekamen auch ihre Frauen die Sammlungen nie zu se-hen.) Sie brachten gar keine Alben zu ihren Treffen mit, sondern jede Menge Freidenkerschriften, etwa die Persiflage *Woman, Her Glory, Her Shame, and Her God* eines gewissen »Saladin«.

Dies erklärt, warum die drei Männer Woolfstein draußen beim Predigen vor dem Golden Swan so aufs Korn nahmen. Die Flug-blätter, die sie die Wirtin verteilen sah, waren nicht von der Newing-ton Stamp Society, sondern von der National Secular Society. Dass die Freidenker Woolfsteins Autorität und seinen fanatischen Ansich-ten so offen Paroli boten, veranlasste diesen, für ihre Ermordung zu sorgen. Gotteslästerer jedoch mussten auf biblische Weise sterben.

Holmes erinnerte sich, dass Woolfsteins Hauptsitz »Tempel des geoffenbarten Christus« hieß. Die Bedeutung des vorletzten Wortes erschloss sich ihm, als er hörte, wie der Prediger die ihm Contra ge-bende Frau abkanzelte. Die Formulierung »Sie ist gefallen, Baby-lon«, so fiel ihm ein, stammte aus der »Offenbarung« und stand in der King-James-Bibel. »Folge dem Buch der Offenbarung«, auch das hatte der Prediger seiner Kritikerin noch gesagt.

Als Holmes dann vor dem Text saß und ihn las, musste er an die Tage denken, an denen die drei Männer verschwanden: Jack Dur-rant am 16. Juni – oder »June 16«, wie man es in den USA schrieb: 6.16; Gregory Billings am 5. September – oder »September 5«: 9.5.; und John Coleman am 5. November – oder »November 5«:

11.5. Ihre verstümmelten Leichname entdeckte man am 8. November – »November 8«: 11.8.

Nachdem Holmes die Leichen untersucht hatte, überprüfte er seinen Verdacht, indem er nachschlug, ob die jeweilige Todesart im entsprechenden Abschnitt und Vers der Offenbarung zu finden war. Er wurde nicht enttäuscht:

Offenbarung 6.16: *Und sprachen zu den Bergen und Felsen: Fallt über uns …* Jack Durrant wurde zu Tode gequetscht.

Offenbarung 9.5: *… und ihre Qual war wie eine Qual vom Skorpion, wenn er einen Menschen schlägt.* Gregory Billings starb an zahlreichen Skorpionstichen.

Offenbarung 11.5: *… so geht Feuer aus ihrem Munde und verzehrt ihre Feinde; und so jemand sie will schädigen, der muss also getötet werden.* John Coleman starb durch Verbrennen.

Und schließlich Offenbarung Kapitel 11, Vers 8: *Und ihre Leichname werden liegen auf der Gasse der großen Stadt …* Die Leichen der drei Freidenker fand man schaurig hergerichtet in der Colombo Street.

Bei der polizeilichen Durchsuchung des Tempels des geoffenbarten Christus stieß man auf einen verborgenen Kellerraum, in dem Durrant, Billings und Coleman zu Tode befördert worden waren. Die Eisengewichte für den ersten Mord lagen noch da, ebenso die Aschereste des Feuers, das Coleman umgebracht hatte. Der Käfig, in dem die Skorpione hergebracht worden waren, deren Stiche Billings getötet hatten, lag leer in einer Ecke. Einer der Schuldigen gestand, sie hätten die Biester nach Billings' Tod nicht wieder in den Käfig zurückverfrachten können und sie deshalb mit Besen erschlagen und in die Themse geworfen.

Hätten sie dasselbe mit den dahingemetzelten Leichen der Gotteslästerer getan, so sinnierte er, könnten sie vielleicht noch in Freiheit leben. Dies jedoch hatte Woolfstein ihnen verboten. Es sei, so hatte er gesagt, gegen die Heilige Schrift, das geoffenbarte Wort Gottes.

Mord in Zimmer 327

Dies hat sich, wie Sherlock Holmes herausfand, wirklich in Zimmer 327 ereignet:

Albert Higginbottom, ein rücksichtsloser, aber sehr wohlhabender Hersteller von Munition und Kleinwaffen, heiratete im Juli 1878 Agnes Walker. Gegen den ausdrücklichen Wunsch ihres lieben Zwillingsbruders Tom hatte sie den Antrag angenommen, denn Albert versprach ihrem Vater Hilfe bei finanziellen Schwierigkeiten. Kaum waren sie vermählt, vergaß er indes sein Versprechen.

Agnes' und Toms Hass auf Higginbottom, noch dadurch genährt, dass Agnes schlecht behandelt wurde, spitzte sich zu, als sie anlässlich eines Arztbesuchs, bei dem es um eine mögliche Schwangerschaft gehen sollte, gesagt bekam, sie habe kein Kind im Leib, sondern die Syphilis. Als sie ihren Mann damit konfrontierte, ging er auf sie los und verprügelte sie, wobei sie zwei Zähne verlor und sich den Arm brach.

Tom, der vorübergehend bei seiner Schwester wohnte, schäumte vor Wut. Er nahm ein Bajonett aus der Higginbottom-Produktion, ein unverkäufliches Muster, das der Hersteller zu Hause aufbewahrte, folgte seinem Schwager nach London und observierte dessen Wege vom und zum Royal Staffordshire Hotel. Als ihm bewusst wurde, dass die Prostituierte Maggie Jones eine ganz ähnliche Statur hatte wie er selbst, ersann er den Plan, bei ihrem Higginbottom-Rendezvous Donnerstagnacht an ihre Stelle zu treten – und seine geliebte Schwester von ihrem gewalttätigen Gatten zu erlösen.

Hätte der Fall allein in den Händen von Detective Grimes gelegen, hätte Maggie Jones am Galgen enden können. Zum Glück für sie war Sherlock Holmes nicht so leicht zu täuschen.

Wessen Arm hatte einen Bruch erlitten?, fragte er sich. Welchem Bürger Sheffields würde Higginbottom am ehesten die Arztrechnung bezahlen? Die Antwort musste gewiss lauten: seiner Frau. Die Wahrscheinlichkeit, dass dem so war, wuchs durch Dr. Gumperts Antwort auf Holmes' Telegramm, in dem er bestätigte, dass seine Patientin »weiblich« gewesen war.

Wenn diese weibliche Person tatsächlich Agnes Higginbottom war, wie hatte sie sich dann den Arm gebrochen? Sicher kam ein Ehekrach dafür in Frage, zumal wenn man sich vor Augen führt, wie wohl eine frischverheiratete Frau darauf reagiert, dass ihr Mann die Syphilis hat. Dieses unschöne Szenario würde auch die Schrammen auf Higginbottoms Haut erklären, die aus der Zeit vor seinem Tod stammten.

Holmes schlussfolgerte, dass eine körperliche Auseinandersetzung zwischen Mr und Mrs Higginbottom, in deren Verlauf sich der schwächere Beteiligte verletzte, zudem erklären würde, warum sie nicht nach London reisen konnte. Mehr noch, wenn sie verletzt war, dies aber unter der Decke halten wollte aus Angst, es könnte ein Motiv für den Mord an ihrem brutalen Gatten liefern, dann brauchte sie eine Begründung dafür, dass sie nicht fahren konnte. Sie lieferte die Geschichte vom Kutschunfall, die sich durch das Telegramm der Sheffielder Polizei als erfunden herausstellte.

Zwei Hinweise am Tatort bestärkten Holmes in seinem Verdacht. Warum sollte Higginbottom ein altes Bajonett dabeihaben, wenn er vorhatte, Munition zu verkaufen? Hatte der Mörder die Tatwaffe vielleicht selbst mitgebracht? Dies begrenzte die Anzahl der Verdächtigen auf Menschen, die leicht in den Besitz nicht mehr produzierter Bajonette gelangen konnten, und auf der Liste dieser Personen mussten Mrs Higginbottom und ihr Bruder ganz oben stehen. Dann war da noch die Wucht des tödlichen Stichs: Sollte ein solch kräftiger Stoß nicht darauf schließen lassen, dass ein Mann ihn ausgeführt hatte?

Im Fortgang seiner Gedanken fragte sich Holmes, warum in Agnes' Telegramm stand, Tom könne nicht sofort nach London fahren. Eine Möglichkeit war, dass er aus der Hauptstadt noch gar nicht wieder *zurück* war. Und wer war die jugendliche Gestalt in der Bedürfnisanstalt vom Bahnhof St Pancras, die erst wie ein Mann gekleidet war, dann wie eine Frau und später wieder wie ein Mann? Sie war Holmes als »mädchenhaft wirkender Mann« beschrieben worden, und das ließ ihn stark an den jungen Mann denken, den er auf dem Hochzeitsfoto gesehen hatte. Und wenn er es war, würde das nicht erklären, warum die »Frau«, die Higginbottom besuchen kam, in der Mordnacht kein Wort sagen wollte?

Schließlich: War die Erklärung der armen Maggie Jones, warum sie Donnerstagnacht nicht ins Hotel ging, denn so unglaubwürdig? Wenn der »Herr mit Babygesicht und nördlichem Akzent« der war, für den Holmes ihn hielt, erklärte sich ihm vollends, warum Maggie an diesem Abend Geld dafür bekam, dass sie nicht zu ihrem Kunden ging.

Es war nicht die eine konkrete Antwort auf Holmes' Fragen, die ihn eindeutig zum Täter führte. Doch nachdem er sie allesamt rational und logisch beantwortet hatte, konnte es für ihn nur einen Schluss geben. Tom Walker hatte Albert Higginbottom ermordet, nicht Maggie Jones.

»Pah!«, war Grimes' Reaktion, als die Jury Walker für schuldig befunden hatte. »Nichts als Anfängerglück, mein Junge!«

Der Finger des Betrügers

Holmes war rasch aufgefallen, dass die zufälligen Buchstaben eine einfache Skytale waren, ein altes Verschlüsselungsverfahren. Er schrieb die Buchstaben in eine einzige Zeile, schnitt diese als langen Streifen zurecht, probierte mit Abständen und der Schriftgröße herum und wickelte den Streifen mit dem Buchstaben A ganz vorn um den Schaft eines Bulger-Golfschlägers (der heute Driver genannt wird). Indem er die Buchstaben so klein schrieb, dass der

Streifen fünf Mal abfallend um den Schaft herumging, konnte er Folgendes lesen:

ANKUNFTOPFERSIEBZFUENFZDONNERSTDOUG

oder

ANKUNFT OPFER SIEBZEHN FÜNFZEHN DONNERSTAG DOUG

Douglas (»Doug«) Telford hatte die Entführer genau darüber auf dem Laufenden gehalten, wann sich Vaultson wo befand. Einer von ihnen hatte die kodierte Information zusammen mit der Lösegeldforderung in seiner Jackentasche. In der Eile der Flucht hatte er beide zusammen in die Kutsche geworfen.

Mit dem Beweis seiner Schuld konfrontiert, erklärte Douglas Telford, die Lösegeldforderung sei das Werk einer ganzen Gruppe verzweifelter Menschen, die Vaultsons Investitionsbetrug ruiniert hatte. Sie hätten Telford, dessen Vater durch »Reichtum für jedermann« ebenfalls verarmt sei, dazu gebracht, in Fortune Towers eine Stelle als Hauslehrer anzutreten und sie mit Informationen über die Wegstrecken des Millionärs zu versorgen.

Vaultsons Familie war bereit, Telfords Rolle in dieser Verschwörung geheim zu halten, wenn er die Namen der Bande preisgab. Dies tat er prompt, und man übermittelte sie der Polizei. Bald kam es zu einer Reihe von Razzien, die dazu führten, dass Umbrigg Vaultson freigelassen und seine Entführer eingesperrt wurden.

Am Tag nach seiner Entlassung als Hauslehrer erhielt Telford einen Brief von Sherlock Holmes. Darin befand sich ein Scheck über 100 Pfund sowie der Hinweis, diese Gabe möge ihm ermöglichen, sich fürderhin nur noch auf dem Boden des Gesetzes zu bewegen.

Das Rätsel der verschollenen Meisterwerke

Holmes war bekannt, dass man gestohlene Gemälde sofort aus den Rahmen nahm. Wo also konnten die Leinwände versteckt worden sein? Die einfachste Stelle war hinter anderen Gemälden ähnlicher Größe – doch das war zu auffällig. Ein raffinierteres Versteck musste her. Was war dazu besser geeignet als der Hohlraum eines in London gekauften antiken Möbels, zumal der Graf in der Vergangenheit bereits des Öfteren derlei Stücke außer Landes gebracht hatte?

Um den Vorgang doppelt abzusichern, sorgte der Graf dafür, dass man ihm beim Kauf des Möbelstücks zuschauen konnte, auf einer öffentlichen Auktion von Gibbins and Dang. Damit dies geschah, ersann er ein äußerst raffiniertes Täuschungsmanöver.

Die Diebe, die man kurz nach Bekanntwerden der Verschwörung festnahm, gestanden, die Gemälde »auf Bestellung eines unbekannten Ausländers« gestohlen zu haben. Sie hatten sie in einer Lagerhalle im Londoner East End deponiert. Kurz darauf wurden sie aus den Rahmen genommen und in die Werkstatt eines Tischlermeisters gebracht, der aus Budapest nach London gekommen war, um hier sein Glück zu machen. Er erstarrte vor Ehrfurcht, als er nur den Namen Graf Végh hörte, dann jagte man ihm durch verhüllte Drohungen Angst ein, was im Fall der Weigerung seiner Familie daheim zustoßen könne. Und so machte er sich daran, in vier Möbelstücken, die ihm »zur Reparatur« aus dem Londoner Wohnsitz des Grafen gebracht wurden, Hohlräume zu schaffen. Dort hinein kamen die gestohlenen Gemälde, dann wurden die Möbel wieder zusammenmontiert. Name und Anschrift des Verkäufers, die man bei Gibbins and Dang angab, stellten sich als erfunden heraus.

Als Holmes erfuhr, dass der Graf unlängst Möbel zur Reparatur gebracht hatte, wusste er, dass seine Verstecktheorie vermutlich zutraf. Im Auktionsraum machte er vier Möbelstücke aus, an denen hölzerne Bauteile lang und dick genug waren, um die verschollenen Leinwände aufnehmen zu können: Die größte passte in die Chaiselongue, die kleinste in den Tisch, die anderen beiden in die Rückenlehnen der Stühle. Nachforschungen mittels Vergrößerungsglas ergaben, dass an den vier verdächtigen Möbeln erst kürzlich sorgsam gearbeitet worden war. Durch Anheben der Stühle wurde deutlich, dass sie geringfügig, doch spürbar leichter waren als die, deren Holz unversehrt war.

Die Nagelprobe war die Auktion selbst. Holmes wusste: Wenn die gestohlenen Gemälde tatsächlich im Innern von Möbeln versteckt waren, dann musste der Graf sie kaufen, gleich um welchen Preis. Und genau so geschah es mit den Antiquitäten von Vincent de Béarn. Wie der Franzose beim Verlassen des Raums ganz zutreffend sagte, überstieg der Wert der Louis-XV.-Stühle die Summe, die der Graf für sie bezahlt hatte, bei weitem.

Holmes und das perlenbesetzte Ei

Holmes schrieb die von Smiths Musikautomat gespielten Noten zunächst in herkömmlicher Form nieder – auf fünf Linien und mit

Violinschlüssel vorneweg. Dann schrieb er die Noten in Buchstaben auf:

ACECAFEFACECAGEFADEDEGGDABDEADBEEBEAD

Er erkannte sofort, was hier stand:

ACE CAFÉ

FACE CAGE

FADED EGG

DAB DEAD BEE BEAD

... und genau das tat er: Er trat im Ace Café vor den Käfig, sah das verblichene Ei und drückte auf die Perle mit der toten Biene – und da war er, der Diamant!

(Anmerkung des Übersetzers: Diese Botschaft ist leider unübertragbar und muss im englischen Original bleiben. Die Geschichte ist aber so wunderbar trickreich erdacht, dass sie in der deutschen Ausgabe nicht fehlen soll. Unser deutscher Ton H heißt im Englischen B.)

Das Rätsel des
gestürzten Sergeant

Holmes wusste, dass die Schuld von Garfield-Wolkes vor Gericht schwer zu beweisen sein würde. Daher konfrontierte er den, wie er wusste, ja keineswegs gewissenlosen Dekan mit einem Artikel für den *New England Telegraph* (ein erfundenes Blatt) in der Hoffnung, dieser werde ihn zu einem Geständnis bewegen. In gewisser Weise tat er dies auch, wenngleich nicht so, wie vom Detektiv erhofft. Später gestand er Watson, dass er sich dieses Artikels bedient habe, statt Garfield-Wolkes persönlich aufzusuchen, gehöre zu den wenigen Dingen in seiner langen Laufbahn, die er bedauere.

Als sich Holmes mit dem Fall zu befassen begann, wollte er zunächst die drei offenen Fragen klären, die Blean nicht beantworten konnte.

1. Wie war Melrose in die Kathedrale gelangt? Wenn er nicht eingebrochen war, musste er entweder einen Schlüssel gestohlen haben oder von jemandem mit Schlüssel hineingelassen worden sein. Da man keinen Schlüssel bei ihm gefunden hatte, war Letzteres wahrscheinlich.

Nachdem die beiden Kanoniker und der Küster ausgeschieden waren, blieb nur noch Garfield-Wolkes. Der Dekan und Melrose hatten beide in der Armee gedient, und Holmes' Nachforschung ergab, dass beide am dritten Aschanti-Krieg teilgenommen hatten. Von daher konnte es gut sein, dass sie sich kannten.

2. Warum trug Melrose einen leeren Geldgürtel? Ein solches Ding setzte man zu einem einzigen Zweck ein, nämlich zum sicheren und unauffälligen Transport hoher Geldbeträge. Melrose hatte entweder Geld in die Kirche geschafft oder wollte welches aus ihr mitnehmen. In beiden Fällen war der Dekan im Spiel.

Dass ein vergleichsweise armer Mann Geld herbrachte, um es einem Reichen zu geben, war unwahrscheinlich, entschied Holmes. Wenn Melrose eine Zahlung von Garfield-Wolkes erwartete, war die Frage, wofür? Das Einzige, was der Sergeant zu Geld machen konnte, war sein Schweigen. Anders gesagt, er erpresste Garfield-Wolkes – er wusste etwas, das der Dekan unbedingt unter dem Deckel halten wollte.

Holmes stellte fest, dass in der *Times* wie im *Telegraph* von dem Vorwurf zu lesen war, ein Angehöriger der Royal Welsh Army oder auch mehrere hätten unter der Zivilbevölkerung der Aschanti ein Massaker verübt. Wer dafür verantwortlich war, hatte man nachfolgend nicht konkret ermitteln können, ein bestimmter Verdacht hielt sich jedoch hartnäckig. Wusste Melrose, dass Garfield-Wolkes an dem Massaker beteiligt war, und kassierte von ihm Geld gegen Stillschweigen? Wenn dem so war, dann war die letzte Botschaft des Sergeants keine der Hoffnung, sondern der Anklage: Er hatte versucht, das Wort »Massaker« zu schreiben. Dies würde den seltsamen Schnörkel nach dem letzten S erklären. Melrose starb nicht beim Setzen eines Punkts, sondern beim Enthüllen der Wahrheit über den Dekan.

3. Nunmehr erklärte sich auch, warum Melrose im Obergaden gewesen war und nicht in der Krypta: Er hatte sich in einer Turmstube mit dem Dekan getroffen. Der Dieb war nicht der Sergeant mit den vielen Frauengeschichten, sondern der inbrünstige Geistliche, denn der verfügte, wie seine Frau zu verstehen gab, selbst über wenig Geld und stahl Objekte aus dem Kirchenschatz, um die steigenden Forderungen seines Erpressers bedienen zu können.

Holmes kombinierte, dass Garfield-Wolkes eher zum Bahnhof London Bridge unterwegs war als zur Victoria Station (wo man ausstieg, wenn man nach Lambeth Palace wollte), weil Ersterer näher am Handelsplatz für Silber lag. Dort befanden sich die diskreten Geschäftsräume, in denen er für seine Hehlerware einen guten Preis erzielte, bevor es weiterging zum Termin mit dem Erzbischof.

Bei dem mitternächtlichen Treffen im Kirchturm hatte der hitzige Kleriker schließlich zugeschlagen. Ganz außer sich vor Zorn und Schuldgefühlen, stieß er seinen Erpresser über die niedrige Brüstung, sodass der tief hinabstürzte. Damit es so aussah, als sei Melrose dies beim Stehlen von Kirchensilber widerfahren, warf er noch einen Kelch hinab neben die Leiche.

So zumindest wurde die Geschichte den Lesern des *New England Telegraph* präsentiert. Und angesichts dessen, wie grausig Dekan Garfield-Wolkes darauf reagierte, kam es der Wahrheit wohl auch ziemlich nahe.

Das Rätsel der
drei beduselten Angestellten

Dass Elijah Petrel glaubte, Amir Asaduddin Khan habe seine beiden Freunde ermordet, beruhte einzig auf vagem Gefühl und blindem Vorurteil. Holmes erkannte dies sofort. So wie Khan redete, musste er ein hochgebildeter Mensch sein und konnte niemals die radebrechende Nachricht auf Petrels Fußmatte geschrieben haben (es sei denn, er trieb ein doppelbödiges Spiel mit ihnen). Zudem hätte ein gläubiger Muslim, als der er sich durch seine Beschwörung Allahs und des Propheten erwies, seine Nachricht niemals auf ein Bieretikett geschrieben.

Der wahre Urheber der Drohung ließ sich anhand seiner Schreibkenntnisse ausmachen; in seinem Zimmer wurden denn auch ein blauer Stift und drei Bierflaschen ohne Etiketten gefunden. Angesichts dieser Beweislast gestand Blanket seine Taten.

Holmes hatte die Ermittlungsarbeit mit der Frage aufgenommen, warum denn ein Inder so dringend einen Ring aus einem Londoner Pfandleihhaus kaufen wollte. Es war sehr gut möglich, befand er, dass das Schmuckstück in Indien gestohlen worden war und der, der sich hier so sehr um ihn bemühte, ihn zurückholen wollte. Und in etwa so war es auch, wie sich herausstellte.

Holmes brachte in Erfahrung, dass zwei Jahre zuvor ein berühmter Ring mit Rubinen und Diamanten – das Licht von Rajasthan – aus dem Palast von Prinz Abdullah Abdelrahman entwendet worden war. In den Diebstahl involvierte Diener gestanden, dass sie von einem unbekannten englischen Soldaten Geld erhalten hatten. Man ermittelte und durchsuchte sehr gründlich die Kaserne des siebzehnten Infanterieregiments, das damals nicht weit vom Palast entfernt stationiert war. Das Licht von Rajasthan tauchte nie wieder auf, und das Infanterieregiment wurde nach England zurückverlegt.

Unterdessen hatte sich Prinz Amir Asaduddin Khan, ein Harrow-Zögling aus der obersten Kaste, unsterblich in Prinzessin Noor verliebt, die einzige Tochter von Prinz Abdullah. Sie war ihm gleichermaßen zugetan, und das Paar bat ihren Vater darum, heiraten zu dürfen. Er sagte ja, unter einer Bedingung: Khan müsse das Licht von Rajasthan wiederbeschaffen und seiner Prinzessin zum Geschenk machen.

Khan las alles rund um den Diebstahl und befand, dass der Ring in England sein müsse. Er schrieb an seine englischen Freunde und bat sie, in dieser Sache ein Auge offen zu halten. Als sich ein alter Schulfreund bei ihm meldete und sagte, in einem Pfandleihhaus habe er einen Ring gesehen, der der vermisste sein könnte, machte sich Khan sogleich auf nach England.

Bekanntlich kam er zu spät, das Schmuckstück war bereits weg. Blanket konnte dem mitgehörten Gespräch beim Pfandleiher entnehmen, wie verzweifelt Khan nach diesem Ring begehrte, und er beschloss, ihn für eine sehr stattliche Summe an den Inder zu verkaufen. Dazu musste er ihn sich jedoch erst einmal von den drei Angestellten zurückholen …

Nach Blankets Festnahme erhielt Khan den Ring gütigerweise von Elijah Petrel ausgehändigt. Zum Zeichen seiner Dankbarkeit erhielt der Angestellte 150 Pfund in Gold sowie die Einladung (samt Übernahme aller Kosten) zu einer Hochzeit, wie sie in Indien wohl selten in solcher Pracht gefeiert wurde.

Das Abenteuer von Old Dodson

Dodson hatte einen sehr dummen Fehler gemacht, indem er annahm, Frühstück um halb sieben bedeute 6.30 Uhr. Cannizzaro hatte in Wirklichkeit die Nacht bei Miss Hogarth verbracht, sie dann ermordet, um das von ihr erpresste Geld nicht zahlen zu müssen, und war dann in seine Unterkunft in Mayfair zurückgekehrt, um sich auszuruhen. Als er sich am Abend hinauswagte, erklärte er Delius Graftule, einem Kellner im Royal Buckingham, der ihn gut kannte, er sei eben erst aufgestanden und hätte gern ein Frühstück.

Graftule brachte es umgehend, und nachdem er ein wie gewohnt üppiges Trinkgeld erhalten hatte, stellte er seinem Kunden die erbetene Rechnung aus. Cannizzaro habe sie ihm Wort für Wort diktiert, sagte Graftule, und als er anbot, hinter »halb sieben« noch »Uhr abends« zu schreiben, habe es geheißen, das sei nicht nötig.

All dies wussten Dodson und Holmes bereits fünf Minuten, nachdem ihre Kutsche vor dem Royal Buckingham Halt gemacht hatte. Somit blieb ihnen genügend Zeit, um zur Victoria Station weiterzufahren. Dort ließ der Detektiv in Begleitung einiger kräftiger Wachtmeister Octavius Cannizzaro, ohne festen Wohnsitz, verhaften; er werde beschuldigt, um 6.30 Uhr Miss Fanny Hogarth aus Blackheath ermordet zu haben. In Cannizzaros Koffer fand man die Stücke aus dem Schmuckkästchen des Opfers.

Er habe es nicht dabei belassen können, ihr das Leben zu nehmen, schrieb Watson. Der herzlose Übeltäter habe auch noch all die kostbaren Klunker an sich nehmen müssen, die er ihr einst geschenkt hatte.

Der Fall der blinzelnden Dame

Nachdem Mrs Latchcombe blinzelnd aus der Wohnung gestapft war, äußerte Watson seinen Unmut über Holmes' ungalantes Verhalten gegenüber einer Dame in Not. Der Detektiv versicherte dem Doktor, er sei der Erste, der jemandem in echter Not zu Hilfe käme, doch ob an dieser selbsternannten »Mrs Latchcombe« irgendetwas echt sei, wage er nicht zu sagen.

Watson bat ihn um Erläuterung.

Der entscheidende Punkt, den Watson angesichts der Dame selbst sofort gefolgert hatte, war, dass die Frau so blinzelte, weil sie kurzsichtig war und zu eitel, um in der Öffentlichkeit eine Brille zu tragen. Dies erklärt, warum sie Watson bei ihrem Eintreten für Holmes hielt und vor dem Setzen die Hand nach dem Sessel ausstrecken musste.

Nachdem sich ihre Kurzsichtigkeit erwiesen hatte, zerfiel ihre Geschichte vom Diebstahl zu Staub. Aus dem Bad war sie mit nassem Haar über dem Gesicht getreten – und hatte dabei gewiss keine Brille getragen –, und doch hatte sie gesagt, sie habe den Dieb in über zehn Metern Entfernung auf der anderen Seite des Wohnzimmers erkennen können. Kurz darauf erzählte sie zudem, sie habe auf noch größere Entfernung eine geballte Faust und eine Halskette erkannt.

Diese Unwahrheiten ließen Zweifel an ihrer übrigen Geschichte aufkommen. Sie mochte durchaus einen Leutnant auf dem Sprung nach Indien kennengelernt und geheiratet haben, doch hatte die Beziehung wirklich zur Zeugung eines Kindes geführt oder war »Albert junior« nur eine Erfindung, die bewirken sollte, dass der Leutnant zu ihr zurückkehrte? Da suchte sie einen Detektiv auf und hatte keine Fotografie ihres Kindes dabei, das war doch seltsam. Ganz abgesehen davon, dass kein anständiges Internat Mitte August Schüler beherbergt.

Nein, schloss Holmes, dem, was die traurige und einsame Dame erzählt hatte, war von vorn bis hinten nicht zu trauen. Sie konnte mitbekommen haben, dass sich Latchcombe – gleich ob aus Indien zurück oder nicht – in der Nähe aufhielt, und sich die Diebstahlsge-

schichte zurechtgelegt haben im verzweifelten Versuch, seine Rückkehr zu ihr zu erpressen.

Natürlich war sie nicht zur Polizei gegangen. Noch der dümmste
Wachtmeister hätte ihre erfundene Darstellung nach ein wenig Ermittlungsarbeit durchschaut. Wie sie annehmen konnte, dass Sherlock Holmes ihr aufsitze, weiß Gott allein. Um die Sache zu durch-
schauen, musste er sich nicht einmal aus dem Sessel erheben.

Ein Fall von Wissenslücke

Viele Jahre später, als Holmes einmal auf ein Gläschen Kognak zu
Besuch bei Watson war und man sich gemeinsam an alte Zeiten erinnerte, fiel dem Detektiv der Name Minnie Dean ein und dass er
da diesen seltsamen Dialog mit Ernest Hardman belauscht hatte.
Er wiederholte Watson das Gesagte wörtlich und fragte ihn, was
ihm dazu einfalle.

»Mein lieber Holmes!«, rief sein Freund aus. »Wie konnte Ihnen
das entgehen? Die böse Frau hat damit nichts Geringeres getan, als
ihre Schuld einzugestehen – und das auch noch in Ihrer Hörweite!«

Als Holmes ihn fragte, was zum Teufel er damit meine, holte
Watson ein Exemplar von Thomas Hardys *Tess von den d'Urbervilles*
aus dem Regal und reichte es seinem Freund. Dann umriss er ihm
die Handlung: Tess, die Hauptfigur in Thomas Hardys großem Ro-
man, erschienen 1891, ermordet den Mann, der sie ihr Leben lang
ausgenutzt hat, und wird dafür am Ende hingerichtet. Sie wird in
Stonehenge festgenommen, deshalb spricht Ernest vom »Stone-

henge-Moment«. Der Liebhaber von Tess heißt Angel Clare, weshalb Minnie sagt, sie werde sich nicht so leicht angeln lassen. Ihren Ernest Hardman spricht sie mit »Hardy« an, was auch eine Anspielung auf Thomas Hardy (»Old Tom«) ist.

Schließlich sagte Watson: »Um zur Polizei zu gehen, ist es jetzt ein bisschen spät, Holmes, wie?« Der Detektiv nickte. »Aber wissen Sie was, Watson?«, fügte er hinzu. »Sie mag diesen Lump in den Steinbruch befördert haben, aber das hat er durch sein mieses Verhalten ja wohl selbst befördert.«

(Anmerkung des Übersetzers: Was macht man mit unübersetzbarem englischem Wortwitz? Man versucht, mit anderen Worten etwas vom Witz zu erhalten. Im Original sagt Ernest: »I trust there'll be no Stonehenge moment for Tess of the Litchburns?« Und Minnie antwortet: »No, my angel. I'm much hardier than Old Tom's girl.«)

Das Geheimnis des Chirurgen

Beim Erläutern seiner Schlussfolgerungen wurde Lord Frogmore von Holmes wegen zweier Dinge sanft getadelt: Erstens dafür, dass er die Axelsons nicht besser kennengelernt hatte, bevor er Agnes einen Antrag machte, und zweitens dafür, dass er so altmodische Anschauungen hatte.

Im zwanzigsten Jahrhundert, so führte Holmes aus, waren nicht mehr allein Männer als Chirurgen tätig, insbesondere in den USA.

Die Erwähnung des Namens »Axelson« hatte ihn an einen Artikel erinnert, den er einmal zu diesem Thema gelesen hatte. Ihm hatte er entnommen, dass Mrs Henrietta Axelson zu einer kleinen, doch bedeutsamen Gruppe von Frauen gehörte, die als Wegbereiterinnen Ende des neunzehnten Jahrhunderts am New York Medical College for Women studiert hatten – mit anderen Worten, Agnes Axelson war von ihrer eigenen Mutter operiert worden.

Von daher würde die junge Frau ihren Chirurgen selbstverständlich immer von ganzem Herzen lieben, sagte Holmes lächelnd, selbst während ihrer Ehe mit dem gleichermaßen geliebten Edward.

Das Fernsprechämter-Rätsel

Die Polizei hatte den Fehler begangen, die Einträge im Notizbuch – wie von Yendle beabsichtigt – für Telefonnummern zu halten. Mit anderen Worten: Sie nahm an, die Nummern gehörten Teilnehmern an den entsprechenden Orten.

Holmes mied das Nächstliegende und widmete sich stattdessen der Überschrift »Abmachung«. Aus diesem Blickwinkel sah er rasch eine Art Gangstervertrag vor sich, der festlegte, wie die Bande ihr Raubgut untereinander aufteilen wollte. Die Prozentangaben unter den beiden Spalten, so erkannte Holmes, waren davon getrennt zu deuten. Sollte sich in der Liste der Fernsprechämter ein Name verbergen und in der Zahlenliste ein weiterer, dann dürften die Angaben darunter (30 Prozent und 15 Prozent) dafür stehen, in welchem

Verhältnis die Beute zu verteilen war. Daraus ließ sich folgern, dass der größte Anteil (55 Prozent) Yendle zukam als dem Anführer der Bande.

Die Spalte mit den Fernsprechämtern war leicht zu knacken. Die Anfangsbuchstaben ergaben den Namen HAMPDEN. Man fand Jimmy Hampden, einen alten Mitstreiter Yendles, von dem die Polizei irrtümlich annahm, er sei nach Australien geflohen, in einem Kellerversteck in Hackney. Hampden hatte keine besondere Schulbildung genossen und schien anzunehmen, Yendles simple Verschlüsselung könne seine Identität hinreichend verbergen.

Der in den Zahlen verborgene Name war nicht ganz so leicht zu ermitteln. Holmes zog ihre jeweilige Quersumme: 19, 20, 5, 23, 1, 18 und 20. Und rasch erkannte der Detektiv, dass diese Zahlen nach dem Muster A = 1, B = 2 usw. Buchstaben im Alphabet entsprachen: 19 = S, 20 = T, 5 = E, 23 = W, 1 = A, 18 = R, 20 = T. Der Name lautete STEWART, nun konnte die Polizei wieder übernehmen.

Charles Murray Stewart war ein alter Eton-Absolvent, der die Bande mit aus Irland eingeschmuggelten Waffen versorgt hatte. Als gebildeter Mann hatte er darauf bestanden, dass sein Name auf dem Behelfsvertrag trickreicher verschlüsselt war als durch ein simples Akrostichon. Das hatte man denn auch gemacht, doch nicht trickreich genug, um Sherlock Holmes hinters Licht führen zu können. Stewart sank mit seiner Yacht, als diese bei einer polizeilichen Verfolgung mit den spitzen Felseninseln vor der Isle of Wight kollidierte und zerschellte.